第５回シンポジウム
多文化共生社会で何を目指すのか
―「内なる国際化」を持続可能な社会の観点から考える―

2019 年 6 月 22 日（土）明治学院大学白金キャンパス

池上 重弘氏

矢崎 理恵氏／野沢 慎司（右から）

渡邊 裕馬・村木 優里・安部 汐音／長谷部 美佳（左から）

永野 茂洋

長谷部 美佳

浅川 達人

池上 重弘氏／高桑 光徳

渡邊 裕馬・村木 優里・安部 汐音

会場風景

明治学院大学
教養教育センター　ブックレット 5

多文化共生社会で何を目指すのか

「内なる国際化」を持続可能な社会の観点から考える

明治学院大学「『内なる国際化』に対応した人材の育成」プロジェクト 編

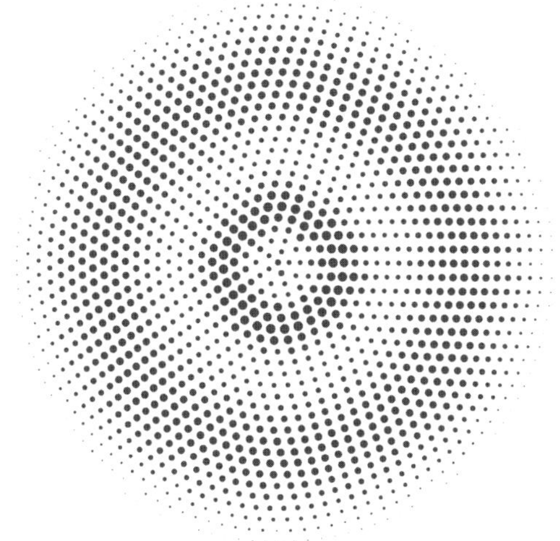

かんよう出版

はじめに

本書は、明治学院大学の「『内なる国際化』に対応した人材育成プロジェクト」（通称「内なる国際化プロジェクト」）が編集刊行する教養教育センターブックレットシリーズの第５冊目となります。本書には、本プロジェクトの2019年度の活動報告（第１章）と、2019年６月22日に開催された、第５回シンポジウム「多文化共生で何を目指すのか―『内なる国際化』を持続可能な社会の観点から考える―」の記録（第２章〜第５章）が収められています。

「内なる国際化プロジェクト」は、2015年度に明治学院大学の教養教育センターと社会学部との共同プロジェクトとしてスタートし、2018年度から2019年度までの２年間は、全学部展開を目指して、「学長プロジェクト」として活動を継続してきました。

2019年の第５回シンポジウムは、１つの区切りとして、この私たちの５年間の活動を振り返り、また、その社会的意味を検証して、次の活動へつなげていくためのいわば総括的なシンポジウムとして企画、実施されました。

第２章「大学が多文化共生するとき」は、「内なる国際化プロジェクト」誕生のきっかけを作ってくださった池上重弘静岡文化芸術大学教授による基調講演の記録です。大変印象的なCOLORS（Communicate with Others to Learn Other Roots and Stories）の活動や、浜松の多文化共生アクターの１つとして大きな役割を果たしてきた同大学の実践の数々、プラットフォームとしての大学についての考察、そして、今後大学が多文化共生に果たしていくべき役割など、読者はこの講演から多くのヒントを得ることができるのではないかと思います。

第３章のトークセッションでは、社会福祉法人「さぽうと２１」のコーディネーターである矢崎理恵さんと、本プロジェクトの代表世話人である野沢慎司社会学部教授、浅川達人社会学部教授（当時、現早稲田大学教授）の３人に、ファーストリテイリング財団の支援を受けて、毎年明治学院大学白金キャンパスで共同（協働）開催してきた、難民等外国につながる子どもたちの夏期学習支援教室、春期学習支援教室の意味と成果を総括していただきました。異質な経験を持ち、日本の社会の中で困難を抱えて多様な生活状況にある、そういう子どもたちの成長と、それをサポートする大学生たちの成長とはどういうものかが、「居場所」と「ネットワーキング機能」をキーワードに語られています。

第4章は、その学習支援教室に参加したり、プロジェクトに関連する授業を履修したりしていた3人の学生によるトークセッションです。難民等の外国につながる子どもたちと接して、複雑な背景と問題の大きさを実感しながら、日本人と定住外国人の労働環境、教育環境の格差に衝撃を受け、日本語で教科を教える難しさに迷い、プロジェクトに参加して得た成果を将来の職業に結びつけようとチャレンジする学生たちの生の声が収録されています。学生たちの声を引き出す進行役を、長谷部美佳教養教育センター准教授が務めてくれました。

第5章は、「内なる国際化プロジェクト」の推進役をはたしてきた高桑光徳教養教育センター教授に、『「多文化共生社会」から「持続可能な多文化共生社会」へ』と題して、本プロジェクトスタート前の問題意識から、現在、そして今後の取り組みの射程までを、体験談も交えてまとめていただきました。これは第2章の池上重弘先生への応答でもあります。

シンポジウム当日は、前半部分で、教養教育センターの「LLTS（Learning to Live Together Sustainably）プロジェクト」との共催により、『女を修理する男』の上映会と、華井和代東京大学未来ビジョン研究センター講師のトークイベントを合わせて開催しました。コンゴで起きている、女性に対するテロと言ってよい凄惨な性暴力が、私たちのスマートフォンに使われている鉱物（紛争鉱物）のために引き起こされていることを知って、参加者が大きな衝撃を受けたこともここに記しておきたいと思います。

「内なる国際化」は、国内で今起きている事柄が、世界で起きている事柄の裏返しとして、それと連動して起きている現象であり、これについての実践知は、現代人に求められる新しい教養の重要な一項目であると言うことができます。本冊子が、「内なる国際化」をめぐって果たすべき社会と大学と、そして個々人の役割について、あらためて考える契機となることを期待したいと思います。

永野茂洋

目　次

第１部

プロジェクト報告

第 1 章　2019 年度の活動報告

坂口　緑

教学支援制度タイプＣの助成を受けた「『内なる国際化』に対応した人材の育成」プロジェクトは、当初の３年間の計画を終了し、その後の学長プロジェクトとしての２年間を終えて、ひとつの区切りを迎えた。今年度のプロジェクトとしての大きな成果は、全学展開を目指した結果、文学部・国際学部・心理学部（教育発達学科）がプロジェクトに正式に参加をしたことである。

多文化共生ファシリテーターおよび多文化共生サポーターの認証制度の維持に不可欠な充実した科目提供が、引き続き一般財団法人ファーストリテイリング財団との協力関係のもとに開講することができた。また、多文化共生ファシリテーター育成のために必要な「ボランティア実践指導」では社会福祉法人さぽうと２１との緊密な連携体制のもと、ファーストリテイリング財団との連携も維持され、学生たちの深い学びにつながった。

その一方で、2020 年 3 月に明治学院大学白金校舎を拠点に予定されていた、さぽうと２１とファーストリテイリング財団との協働事業である「春休み集中学習支援教室」が、新型コロナウイルス感染症拡大の影響で中止された。やむを得ない状況だったとはいえ、子どもたちの貴重な学習機会と、ボランティア活動を希望する学生の体験機会を実現することができなかった。

2019 年度の活動の概要は次のとおりである。

【ファーストリテイリング財団寄付講座開講】2018 年 3 月 28 日に締結した一般財団法人柳井正財団（当時）との協定書にもとづき、2019 年度は下記の講座をファーストリテイリング財団寄付講座として開講

・内なる国際化論 A：内なる国際化論―人の移動の実態とメカニズム（夏季集中第 1 期）

・内なる国際化論 B：内なる国際化論―日本およびアジア諸国の比較研究（夏季集中第 2 期）

・内なる国際化論 A：難民とグローバル社会（秋学期金曜 2 時限）

・内なる国際化論B：人間から学ぶ平和（秋学期金曜3時限）
・ボランティア実践指導（通年月曜4時限）

【学習支援教室の効果測定】難民の子どもたちの学習支援教室での学びに関する効果測定を実施し、2019年度事業成果報告書（「難民小中学生対象の集中学習支援教室事業」充実化のための協力体制構築）を作成

【映画上映会】2019年度は下記（通算7・8・9回目）の映画上映会を開催
・「『女を修理する男』映画上映会・トークイベント」（内なる国際化プロジェクトおよび教養教育センター「LLTS（Learning to live to gether sustainably）プロジェクト」共催）（2019年6月22日）報告者：華井和代（東京大学未来ビジョン研究センター講師／コンゴの性暴力と紛争を考える会副代表）
・「夜間中学映画『こんばんはⅡ』上映とトークの集いのお知らせ」（内なる国際化プロジェクトおよび教養教育センター「LLTS（Learning to live together sustainably）プロジェクト」共催）（2019年11月9日）報告者：森康行監督、夜間中学卒業生
・「多文化OPINION EXCHANGE ―日本における多様性―」（『Journey to be Continued ―続きゆく旅―』上映会およびトークセッション）（一般財団法人自治体国際化協会および内なる国際化プロジェクト共催）（2019年12月7日）報告者：長谷部美佳、岩井成昭監督、本学学生

【シンポジウム開催】2019年度は下記（通算5回目）のシンポジウムを開催
・「多文化共生社会で何を目指すのか―「内なる国際化」を持続可能な社会の観点から考える－」報告者：池上重弘（静岡文化芸術大学文化政策学部教授・副学長）、矢崎理恵（社会福祉法人さぽうと21）・野沢慎司・浅川達人、本学学生、高桑光徳（2019年6月22日）

【「多文化共生サポーター」および「多文化共生ファシリテーター」認証】
・今年度は1名の「特別多文化共生ファシリテーター」、5名の「多文化共生ファシリテーター」、7名の「多文化共生サポーター」を認証した（2020年3月25日現在）

【その他イベント】
- ・難民等外国につながる小中学生のための夏休み集中学習支援教室（社会福祉法人さぽうと２１との共催）（2019 年 7 月 25 日～ 8 月 23 日）
- ・難民等外国につながる小中学生のための春休み集中学習支援教室（社会福祉法人さぽうと２１との共催）（2020 年 3 月 26 日～ 4 月 3 日）→新型コロナ感染症拡大のため中止

【広報活動】2019 年度の各種メディアへの掲出
- ・2019 年 4 月出版の宮島喬・藤巻秀樹・石原進・鈴木江理子（編）『開かれた移民社会へ（別冊環 24)』（藤原書店）において、前年度に開催された『理解を深める講座』の内容が「〈座談会〉日本につながった私たちの今——十代、二十代を駆け抜けて」として掲載された
- ・2019 年 6 月 16 日付）『カトリック新聞』で、多文化共生ファシリテーター認証を取得した卒業のインタビューが掲載された。（本書 81 ページ参照）
- ・上記 2 点の記事については、以下の URL のリンクから概要を知ることができる。
  ① http://internal-i18n-meijigakuin.org/archives/2970
  ② http://internal-i18n-meijigakuin.org/archives/3055

上述のように、2019 年度は学長プロジェクトをさらに展開するための一年となった。教育プログラムに関しては、全学的な展開を目指した結果、(1) 文学部・国際学部・心理学部（教育発達学科）がプロジェクトに正式に参加したことと、その結果 (2) 国際学部からも「多文化共生ファシリテーター／サポーター」を輩出したことは、今年度の大きな成果といえる。さらに、2020 年度は (3) 法学部（法律学科）と心理学部（心理学科）も参加し、全学展開の試みが着実に進展している。

第２部

シンポジウム報告

第 2 章　大学が多文化共生するとき
―浜松における静岡文化芸術大学の役割から考えること

池上重弘

（池上）　はい、皆さま、あらためましてこんにちは。静岡文化芸術大学の池上と申します。今日は東京の明治学院大学でこういう機会をいただいたことを、とてもうれしく思っています。ちなみに時間は何時までよろしいでしょうか。

（司会）　そうですね、基本的には 2 時半、1 時間程度で。

（池上）　1 時間程度ね、はい。14 時 30 分ですね。恐らく、東京の方にとっては「そんな大学あったっけ？」というのが率直なお考えだと思います。実は浜松市にあるんですね。静岡と付きながら浜松市にある。その大学に奉職して約 20 年になります。私自身は、実はこの大学に着任する前に、これの前身となった大学、静岡県立大学の短期大学部というところに 96 年に着任していますので、20 年ちょっと浜松にいます。96 年からの 20 年ちょっというのは、日本において外国人の人口がうんと増えたり、あるいはリーマンショックがあったり、震災があったりと、激動の二十数年だったということはお分かりいただけているかなと思うんです。今日、この機会をいただいたのは、こちらの明治学院大学の高桑先生からであります。

今日もこの話の中で紹介しますけれども、私どもの大学で 2012 年度から 16 年度まで、多文化子ども教育フォーラムというのを不定期に行っていました。参加者には県内の方が多い中で、高桑先生がなんと関東圏から非常に頻繁に足を運んでくださっていて、そのころから意見交換をすることがありました。それで、今日、こちらの『「内なる国際化」に対応した人材育成プロジェクト』のシンポジウムの、大きな振り返り、取りまとめということで、基調講演の機会をいただいたわけであります。

基調講演というと、大きな全体像をまとめるような役割を期待されているのかなと思うんですけれども、私は今日は、『大学が多文化共生するとき』という、いささかふざけたタイトルを付けました。また副題にあるように、

『浜松における静岡文化芸術大学の役割から考えること』ということで、浜松にある公立大学が、どんな役割を多文化共生の分野で果たしうるのか、あるいは果たしてきたのかということをお話しします。うちの大学のプロモーションビデオみたいになりますけれども、それが何か皆さんのヒントになればと思っております。

それでは、「はじめに」というところから入ります。少し照明を落としていただけますか。皆さんのお手元に4ページ分のWordの資料がございます。パワーポイントの資料はお手元にはございません。ですので、このWordの資料を見ていただきながら、ちょっと引っ掛かったところはメモなどしていただければなと思っています。基本的には話の流れはこのWordの4枚のほうにまとめられておりますので、できれば画面にご注目いただければと思います。

まず、静岡文化芸術大学。これは静岡県が浜松市の中心部に設置しました。見ていただくと分かるかなと思うんですけど、JR浜松駅から歩いて15分ぐらいのところにあります。公設民営で2000年に開学して、2010年に県立の大学になりました。それによって静岡県には静岡市に静岡県立大学、そして浜松市に静岡文化芸術大学という、2つの県立の大学があるということになります。本学は2つの学部だけの非常に小さな大学です。1学年は約300名定員。従って大学院生も入れても1,500名を少し切るくらいの学生しかおりません。

文化政策学部には、国際文化学科などがあります。デザイン学部はデザイン学科です。大学名に芸術と付いてるので芸大と思われるんですけれども、油絵を描く人とかオペラを歌う人とかはいません。学科の教員に日系ブラジル人の教員もおります（2020年7月で退職）。また現在、約十数名の定住外国人学生が在籍しています。これは本学の非常に大きなポイントで、なおかつ今日のお話の重要な背景となります。

定住外国人学生、聞き慣れない言葉ですね。留学生とどう違うんですか。留学生というのは、海外で、日本でいうと高校レベルまで学んでやって来る人たち。正規課程で入学する人もいれば、交換留学で半年なり1年なり来る人もいますけれども、基本的には海外で、日本でいうと高校まで学んだ人たちです。ところが本学はその留学生が、いますけれどもごくわずか。片手で数えるぐらいですね。むしろ、生まれた場所は海外、ブラジルだったりフィリピンだったり、あるいは日本だったりしますけれども、この国で育ってこの国の高校を出て、日本人と同じ入試を通って入ってきた学生、これが私が今言う、この定住外国人なんです。多くの場合は第2世代の学生です。すなわち、親が出稼ぎで来て、その子どもたちとして連れてこられた。あるいは出稼ぎで来て、こっちで結婚して日本で生まれて育った。そういう学生たちが多々在籍しています。1学年で5名、あるいは6名。こういうちょっと特色のある大学です。

南米系の学生についてみると、最初に入ってきたの2006年。ちょっと空いて2008年に2人。しかしながら2011年以降は、こんな数で入学しています。2019年は集計中ですけれども、やはり4人とか5人とかの数字になりますね。なんでこういう変化が起きるのか。一つは、やはり浜松の場合は日系人が多いですから1990年の入管法改正で入ってきてから、約20年たって、教育達成して大学に入る子たちが、わずかだけれども確実に増えてきている。それから本学においては、英語推薦入試というのがあって、その入試の枠で入ってくる学生がいます。小論文を英語で書いて、面接は英語の部屋と日本語の部屋に入ります。ただ誤解がないように申し上げますが、英語推薦入試は外国人のための枠ではございません。日本人でも、例えば1年、オーストラリアに留学した高校生、そういう学生がこの入試枠で入ってきたりしますし、本学に入ってくる定住外国人学生たちの中には、センター入試を受けて、一般入試で入ってくる学生たちもいます。

本日の講演の背景と目的です。この10年で外国人をめぐる環境も変化してまいりました。2008年のリーマンショックから既に10年以上たっています。家族滞在の日系人の派遣労働者は、特に今日話をする静岡県では多いわけですけれども、その比率がだんだん下がって、単身で暮らすアジア系の技能実習生が増えてきました。そしてここにいらっしゃる皆さんはもうご案内のように、今年4月に特定技能という新しい在留資格が開かれましたので、今後はその特定技能という枠も少しずつ増えていくだろうと思われます。日系人の高齢化と第2世代の台頭、アジア系の外国人の増加。こういう背景の中で今日は考えてみたいと思います。

浜松に立地する公立大学として、本学が多文化共生推進に果たす役割を紹介したいと思います。東京ではあまり公立大学の性格はイメージしにくいかなと思うのですけれども、静岡県を例に取ると例えば静岡県庁の人は、私たちの大学を県の大学だというふうに、非常に強く意識しています。私たちも県の皆さんの税金で成り立っている大学だということを、強く意識しています。従って、何か地元で調査をしたとすると、「私が論文を書きます。私の業績1、終わり」では済まないんですね。「それはあなたの手柄でしょ」、「あなたの手柄のために私たちはあなたの給料払ってるんじゃないんだよ」とは、口には彼らは出さないけれど、それが県の人たちの本音です。従って調査をして、それをいかに地域に還元するかが非常に厳しく問われるし、大学がいかに地域の中で生きていくかということを、真剣に考えています。浜松市において多文化共生というのは、まさに公立大学が地域に関わっていく課題のひとつです。どこかの会社のコピーと同じ言葉ですけど、結果にコミットする研究が求められる。これについて今日ちょっと、私たちの大学の事例をお話ししたいと思います。そこから導き出されるのは、プラットフォームとしての大学の性格ということなのかなと思います。今日はこういう観点でお話をしてまいりましょう。

それでは、在留外国人の全国的な動向と、静岡県の特色について。これはもう、ここにいる皆さんは、わざわざそんな話しなくていいよって言うんだろうなと思いますけれども、ごく簡単に触れてまいります。在留外国人とは、日本に90日以上滞在する外国人です。今、インバウンドっていう呼び方がありますが、インバウンドっていうのは、パスポート取って日本にやってきて、90日以内で観光などする人たち。今ここで対象となっているのはそうではなくて、90日以上いて、何らかの在留資格を持っている人たちです。その数字を見てみると、恐らくグラフの細かい数字は見えないと思いますけれども、1988年から2018年までの30年間で100万人から270万人に増えている。まずこの大きな流れを頭に入れていただければと思います。

ちょっと解説を加えましょう。1988年、日系人受け入れの入管法改正前、100万人を切っていた在留外国人の数はぐーっと伸びてますね。2008年をピークにいったんまた少し下がります。これは2008年リーマンショックや、その後の3・11東日本大震災の影響。しかし、私たち、そのリーマンショックとか大震災で、ずいぶん外国人が減ったってことを耳にしますし、マスコミなんかを見ると、ものすごく減ったように書いてるんですが、冷静に今、振り返ると、減りましたけども200万人を切ってないんですね。2018年末現在、273万人です。273万人というのは、日本の都道府県でいうとどこら辺かというと、全国12位広島県280万人と、13位京都府260万人の間ぐらい。そのくらいの人口規模の外国人が今、日本にいる。もちろんこれはあくまでも在留資格を持っている人なので、日本国籍を取った人、帰化した人とか、あるいは在留資格を持ってない、いわゆる"不法滞在者"と呼ばれる人たち、オーバーステイの人たちを含めると、もっと膨らむ可能性がある。公称の統計だけでもこういう数字になります。さらに直近のこのカーブがぐぐぐっと上がっている様子がお分かりいただけますよね。15万、18万、17万と、この上昇局面は少なくともオリンピックあたりまでは続いていくだろうなと思われます。

今日は、あくまでも大学の役割ということなので、あまり特定技能についての話はしませんけれども、新しくできた特定技能1号と2号とあって、家族滞在を認める特定技能2号が本当に運用されていくと、また違うようになってくるのかなと思われます。国籍別で見ると、中国がぐっと増え、在日の人たちの多い韓国が減っている。で、今日、主な話題となるブラジルの人たちは30万人を超えたあとぐっと減りましたが、またちょっと増加傾向にあります。フィリピンがぐーっと伸びている。ただし2年前ぐらいから、ベトナムが急増していますよね。今、ベトナムは第3位まで増えてまいりました。在留外国人のアジア化が進んでいる。全国と静岡県を比べてみると、全国だと中国、韓国、ベトナム、フィリピンとくるんですが、全国では5位で7.4%のブラジル人が静岡県は31.2%。ベトナム人は最近ちょっと増えてきましたけれども、10%くらいになります。

次に在留資格で見ていましょう。在留資格は法務省が発表するデータだと、多い順番に並んでいます。役所が作るので恣意的な並べ替えはしてはいけませんが、私は研究者ですから、私が皆さんに伝えたいことが分かるように、ちょっとだけ順番を変えてみました。まず特別永住と永住。いわゆる永住資格を持つ人たちはこの2つですけれども、40%。つまり日本で在留資格を持つ外国人273万人の、5人に2人が永住資格を持っているということになります。さらに、日本人の配偶者等、定住者、永住者の配偶者等といって、更新が可能で住む場所や就業に制限のない人たち、これを加えてみると、54%、半分ぐらいということになっています。日本の社会は移民を受け入れていないと政府は言いますけれども、そこでいう移民というのは、日本に入国するときに永住資格を持って入ってくる人。確かに、それだと日本では移民は受け入れていない。けれども入った後に永住資格を取得することはできて、ここでご覧いただくように、永住資格を持つ人が40％。さらに永住資格予備軍といっていいような、比較的安定した在留資格の日本人の配偶者等や定住者として、住む場所と働き口に制限のない人が半分を超えている。こういう状況をぜひご確認いただければなと思います。

在留資格で見ても静岡県は特色があります。永住者は43.7％です。さらに定住者が多くて、就業と居住に制限のない身分資格、欧米でいうとこれは移民という言い方だったりするのですけれども、これは全国では約２人に１人ですが、静岡県では４人に３人に相当します。こういう特色があります。

それではちょっと大学の取り組みに入る前に、浜松市の多文化共生の取り組みの全体像を確認したいと思います。まず、浜松の場所を確認しましょう。静岡県には、新幹線で乗ると熱海から始まって浜松までずいぶんとたくさん駅があるんですが、その西の端が浜松ということになります。近隣の磐田、袋井、あるいは湖西、豊橋といった辺りも、外国人、とりわけ日系人が多いという特色があります。浜松は製造業の街で、ご覧のような企業が現時点でも本社を持っていたり、あるいは発祥の地として大きな工場を持っていたりします。

浜松の多文化共生のアクターというのをまとめてみました。大ざっぱにいうと、行政、市の教育委員会、国際交流協会、NPO、大学といったアクターが緩やかに連携している。これが浜松のひとつの特徴かなと思います。もう少し役割を書き込んでみると、行政は国際課が政策立案の司令塔となっている。教育委員会は当然、公教育部門の施策立案もするし、学校現場も支援します。国際交流協会、これHICEと書いてハイスと言いますけれども、HICEは市の施策の推進主体となっています。さらにNPO。浜松の場合は日本語教育、あるいは学習支援のNPOは複数あります。そして大学。私たちの大学を始めとして、いくつかの大学があって、実践的な研究をしたり、支援活動を展開したり、あるいはハブとしての役割を果たしたりしています。こういう緩やかな関係があります。

ここで緩やかな関係とは何ですかって質問がきそうなので、一つだけ例を挙げましょう。例えば、私たちの大学で多文化共生の活動をしている学生が、国際交流協会がイニシアチブを取っているプロジェクトに加わる、あるいはそちらで主導的役割を果たすというときに、私は、「OK行っといで」

と送り出し、全く囲い込むつもりはありません。私たちの大学で多文化共生の活動をしているのは、私、池上のゼミの学生ですかとよく聞かれますが、答えはノーです。私自身は実は、もともとがインドネシアをフィールドにする文化人類学の研究者ですので、私のゼミには文化人類学に関心がある学生もいれば、東南アジアのことについて関心がある学生もいるし、当然、多文化共生のことに関心があるという学生もいる。そういうわけでゼミとして何か具体的な支援活動を展開するやり方は取りません。また、私のゼミではない学生が、1 年生でもいいんですが、多文化共生のこんな支援活動をしたいと申し出てくれれば、「OK、頑張ってごらん」というふうに背中を押します。一つのゼミに囲い込むという形を取らないんですね。こんな形で、人材が社会人も学生も、緩やかに連携しながら活動していく。これが浜松の特徴かなと思います。

一つ具体的に、教育面でこれを見てみましょう。行政は公教育以外、不就学対策とか外国人学校の支援などをしています。市の教育委員会は公教育関係で、就学支援、サポーター、あるいは NPO と連携して学校内外の支援を計画している。国際交流協会は日本語ボランティア養成講座とか、学校での支援にそのボランティア養成講座を終えた人をつなげていく。こういう人材の育成と供給のパイプ役を果たしている。NPO は初期適応支援とか母国語支援とか、あるいは日本語支援、学習支援などを、浜松の場合、市のエリアごとにすみ分けをしています。大学は NPO と連携した学習支援や就学前の支援、あるいは今日、ご紹介しますが、第 2 世代の学生たちが活動のサポーターなどをしている。こういうような連携の関係が浜松にはあります。

さあそれではここから、私たちの大学における多文化共生の取り組みをお話します。まず取り組みの背景として、本学の中期計画について触れます。これは大学業界の人たちにとってはなじみのあることなんですけれども、学生の皆さんとか社会人の方はちょっとなじみがないかもしれない。今、大学も組織として 5 年とか 6 年間のビジョンの中でどういうことを実現していくかを考え、教育、研究、国際交流、あるいは地域貢献といったことについて、計画を立てているんです。私たちの大学は 2010 年度に公立の大学になったので、そのとき出来た中期計画の中で、重点目標研究領域という名称で、ちょっと長いですけど要するに重点領域を決めました。多文化共生を含む文化政策。アートマネジメント、ユニバーサルデザインということで、多文化共生がこのとき、大学の重点的な研究領域の一つに明確に位置付けられました。

これは何を意味するかというと、学内の競争的な資金の重点配分を受けられるということになります。学生の皆さんはイメージが湧きにくいかもしれないけども、教員たちが研究するときに個人研究費というものの他に、学内で作文をして自分たちのこのプロジェクトにはこういう意義があるから、こんなことをやりたいんで予算をくださいといって、競争的な資金をゲットするんです。特別研究というのでゲットします。また私たちの大学の面白いことは、イベント・シンポジウム開催費といって、学術的なシンポジウムだけではなくて、文化的な交流イベントのプログラムに対しても、大学としてお金を出してくれます。これは実はすごいことだと思うんですね。

またカリキュラム上の位置付けも非常に明確になりました。ここもちょっと手前みそになるのだけれど、私、今、副学長をやっておりますけども、副学長をやる前に教務部長というのをやっていました。教務部長というのは大学の中で最も人がやりたがらない管理職なんですね。カリキュラム改革などやるときには、もう大変な作業があるわけです。あるんですけれど、別の角度から考えると、自分が理想とする教育課程、カリキュラムを形にすることができるんですね。もちろん１人ではできませんけれども。こういう形でどうかと提案して、人を巻き込んで、今、浜松で、今この大学で必要なカリキュラムはこうじゃないかと考えて、そのカリキュラムで学生たちが学んでいく、その環境をつくっていくことができる。私はその教務部長をやったときに、ものすごく大変だったけれども、ちゃんと多文化共生についてカリキュラムで位置付けましょうということで、私が所属する国際文化学科の専門科目に多文化共生系という科目群をつくり、こんなような科目を位置付けていきました。またそのとき、日本語関係の科目を充実させて、日本語教員養成課程というのも組み込んであります。

本学にはブラジル人の専任教員がおります。日系ブラジル人ですね。彼女は日本に留学して、その後ずっと日本にいたという人ですけれども、ポルトガル語コミュニケーション、ポルトガル語上級、ポルトガル語応用ということで、ポルトガル語を３年間学べるようになっています。外国語大学ではないので、どの言語でもっていうわけじゃないんですね。まあ、選択しなきゃいけない。その中でもちろん、フランス語とかイタリア語とかもありますけども、本学はポルトガル語がきちっと学べる環境をつくろうというふうにしました。中にはブラジルレストランのアルバイトをして実践でポルトガル語能力を身に付けたという学生もおります。

もう一つ、教務部長のときに、これは絶対必要だといって組み込んだのが、ここに書いてある実践演習という科目群です。まずは地域連携演習。教員がプログラムを提供して、この指止まれで学生を募ります。例えば、浜松で「やらまいかミュージックフェスティバル」っていうのがあります。10月下旬の２日間、土日で、素人もセミプロもいるんですけれどエントリーして、駅前とかいろんなビルの前とかにステージを組んで演奏します。私も実は素人ミュージシャンで、もう10年ぐらい、やらまいかミュージックフェスティバルに出ています。学生がその実行委員会に関わって、その準備や当日の運営や振り返りをする。これも実は、地域連携演習の一つのプログラムとなるわけです。この中に例えば、外国人の子どもの学習支援なんかが入ってきます。自主課題演習とは、学生のほうから、僕は地域と連携した活動でこんな活動をやりたいんで、先生、監修してくださいということです。もう一つの企画立案演習は、集中講義型のグループワークの活動です。こういったものも組み込んでいきました。地域連携演習は地域の団体等と連携して、地域での活動に参加する。実践的学びに向けて背中を押す、そういう科目です。

それではここからいよいよ具体例を話していきましょう。お手元には必要な情報が活字で書いてありますけれども、今日は可能な限り、写真などもお見せしたいなと思っています。1908年、最初の移民船「笠戸丸」という船が日本からブラジルに着いた年です。それから100年たって2008年に、日本中で、いろいろな記念行事がありました。私たちの大学も写真展を行いました。ちなみにこれは本学のデザイン学部の学生がデザインしてくれたものです。イベント名は「ブラジルの中の日本、日本の中のブラジル」といいます。教員メンバー四名と学生実行委員会で、こんなふうな立ち上げをやりました。

広報、展示、コラボ、イベントなどの各部門からなる、約80名の学生が実行委員会をつくりましたけれども、そのコラボ部門のリーダーは、当時３年生の定住ブラジル人学生でした。プレイベントをやって、その成果を写真展の当日に展示するという流れで取り組みました。これは実際の写真展のコンセプトです。かつて日本からブラジルに渡った子どもたち。今、ブラジルで頑張っている日系人。そして今、日本に来ているブラジル人の子どもたち。この100年を振り返り、子どもたちに焦点を当てたこういう展示をやりました。実際の展示はこんな感じですね。これは展示した写真のうちの一つです。例えばこれ、巨大絵って言うんですけれども、これ学生が考えたコンセプトで非常に面白い。日本の子ども、ブラジルの子どもに集まってもらって、まずアイスブレイクで白いTシャツをみんな着てもらい、絵の具を手に付けます。赤とか黄色とか。で、じゃんけんして、勝った人が負けた人の背中にぱんと絵の具の手形を付ける。どんどんじゃんけんしてくと、いろんな子どものいろんな色の絵の具が背中、あるいは胸に付く。これを巨大絵の作業中に干しといて、帰りにお土産で持っていくという話なんです。で、赤とか青とか黄色とか原色だけ用意して、虹を描きましょうっていうことを、学生は考えたんですね。では緑は、どうやって作ります？　緑は青と黄色ですよね。紫は赤と青ですよね。紫とか緑の絵の具は用意していないんですよ。どうするかっていうと、例えば緑だったら、黄色の絵の具を手に塗った子と、青い絵の具を手に塗った子が手を合わせて、そして緑を作る。紫だったら赤の絵の具を手に塗った子と、青の絵の具を手に塗った子が手を合わせて紫を作る。つまり違っている人たちが協働することで一つの新しい色が出来るっていう、こういうコンセプトを学生が考えて、こうやって虹の絵を作ったんですね。これ、よく考えたなと思います。

写真展の様子はこんな感じで。とりわけ目を引いたのは、この後、紹介する座談会の様子でした。こちらはそれをまとめたDVDです。交流イベントと座談会は、秋の展示に先駆けて夏に行いました。ここに写っている3人が、当時、本学に在籍していたブラジル出身の学生たちです。2006年入学の1人と2008年入学の2人ですね。彼らが企画した座談会は、ブラジル人学生と高校生が枠にとらわれない独自の未来を、自分の手で切り開いていくことを最大の目的としていました。ブラジル人学生と日本の高校に通うブラジル人高校生が4時間の座談会を行いました。進路、悩み、アイデンティティーについて意見交換したこの機会は、大学に進学したロールモデルとしての姿を高校生に提示し交流する機会となりました。確かに振り返ってみると、今ここに写っている3人はうちの大学に、ほんとに初期に入ってきたブラジル人の学生たちです。高校にもブラジル人生徒が少しずつ増えてるってことは知ってはいたけれども、大学生と高校生との接点はなかった。そこで彼らは、自分たちはいろんなラッキーな面もあって頑張って大学入ったんだけど、ブラジル人高校生と話をしてみたいと考えました。教育委員会につなぐところまでは私がやりましたけれども、そこから先、各高校に手紙を書いて、校長先生を訪ねて、高校生と準備してという段取りは全部定住ブラジル人学生たちだけでやりました。当日、私は別の町で講演があったため、あえて同席しませんでした。同席しないで、あなた方がこの国で、18年、20年生きてきたリアルの中で、話したいことを話してごらんと言って任せたんですね。講演が終わって、彼らから電話がかかってきて、「先生、バッチリでしたよ」、自信を持った声で言ってくれました。後でその記録を読んで、ほんとに素晴らしい会ができたなと思っております。

背景はこんな感じです。静岡県でいうと2004年から2008年にかけて、明らかに高校進学する子が増えてるんですね。しかも全日制に進学する子たちが増えてきて、ブラジル人も増えてくる。こういう局面で、今の座談会が行われました。NHKでも準備の段階から追ってくれて、朝の番組で10分間くらいの特集を組んで紹介してくれました。

その座談会の中で、最後の話題として、「あなたにとってブラジルとは何ですか」という問いが取り上げられました。「ブラジル人じゃなかったら、こんな、自分の意見を言えることがなかったし、他の人のことを思うこともなかったし、自分のためだけに生きていたと思うので、すごく誇りを持っています」という発言をした高校生がいます。

このブラジル人大学生と高校生の座談会について、学生実行委員が報告書を作ってくれました。これも後で紹介する、私たちの大学の学術リポジトリで読むことができますので、ご関心の方は、ぜひお読みいただければなと思います。

２つ目はよさこいソーランのイベントです。ただこれはごく軽く触れるにとどめます。ブラジルでグランプリを取ったよさこいソーランのチームが、札幌のよさこいソーランまつりに呼ばれました。で、帰りがけに浜松に寄って、市内のブラジル人学校の子どもたちとコラボしたというイベントでした。これは駅前のオープンスペースを使ってやったのですけれども、定住ブラジル人の学生が日本語とポルトガル語を使って司会をしました。それをすることで、道行く人たちが見るんですね。つまり、多くの場合、多文化共生のイベントって関心持った人しか来ないのだけれども、街中のオープンスペースでやると人がたくさん行き来して、日本語とポルトガル語で若い人が話している様子が見える。そういう見える化をした、こんなイベントでした。

次にフェスタ・ジュリーナ na SUAC、2014、16、18を紹介します。これ、間違いじゃないですかというふうに聞くという方、いらっしゃると思います。通常フェスタ・ジュニーナといいますね。6月の祭りというのですけれども。もちろんそれは知っています。浜松市内の何カ所かで6月に行われるので、私たちはあえて7月に行うので、ジュニーナ、ジュラーイですね、ジュリーナというふうにしました。SUACというのはShizuoka University of Art and Cultureの略です。2014年度の第1回から直近では2018年までの3回、行いました。

まず2014年ですね。フェスタ・ジュニーナはブラジルの人だとみんな知ってる、ブラジルのいわば伝統の行事で収穫祭のようなものですね。これはブラジル人の学生が、自分がちいちゃいときブラジルでやったフェスタ・ジュニーナを、ぜひ大学でもやりたいと言ってきたことがきっかけです。私、それを聞いて、よし面白い、やろうと答えました。ただし、ただ文化交流をやるだけだと、大学としてはお金を出せない。なぜ大学でやるのか。大学でやることが地域のコミュニティー、日本人のコミュニティーやブラジル人コミュニティーに、どんな意義があるのかを考えなさいというふうに宿題を出しました。で、彼女はその宿題にちゃんと答えてきたので、私は、自分が代表者となって学内の競争的資金のひとつであるイベント・シンポジウム経費を取ったわけであります。これは当日の様子なんですけどね。リボンダンスなんかもやりました。で、ここがポイントなんですが、多言語キャンパスツアーをやりました。日本語とポルトガル語のバイリンガルによるキャンパスツアーです。大学に関心を持っているブラジル人が多いということは、われわれ知っています。ただ、大学でキャンパスツアーをやります、来てくださいって言っても、来ません。それからオープンキャンパスがありますから来てくださいって言っても、オープンキャンパスは、基本、日本語でやるので、ポルトガル語対応は難しい。そこで、ブラジル人だったら誰でも知ってる、こういう楽しいイベントで来てもらって、そのときに多言語のキャンパスツアーを行おうと考えました。で、学生の声を届けて、授業料のことなども説明をしました。入試についてもお話をしてます。毎年同じじゃ芸がないので、少しずつ変えていってるんですけれど、基本は次の3点です。学生や市民が外国の文化に触れる。定住外国人学生、とりわけブラジル人学生が主導して、自分たちの文化に誇りを持つ。バイリンガルキャンパスツアーで進学の動機付けを支援する。内容はこんな感じなんですけれども、フィリピンのこともちょっとやります。また、インドネシアのガムランサークルもここで演奏しました。この写真はリボンダンスですね。で、このリボンダンスで使うリボンを構成する色は、黄色と緑と青、そして白と赤。言うまでもなく、ブラジルの国旗を構成する色と、日本の国旗を構成する色ですね。これをみんなで織り込んでいくという、ちょっとシンボライズした文化交流をやっています。

さて、多言語キャンパスツアーについてまとめたのがこの表です。初年度、日本語とポルトガル語だけでした。第2回2016年は、そこにスペイン語と英語を入れました。タガログ語、中国語は希望者はいませんでした。2018年は、日本語希望者がなく、ポルトガル語ツアーにたくさん参加しました。それからタガログ語ツアーにもいっぱい来ました。インドネシア語もおりました。これらの多言語ツアー対応はいずれも、本学の定住外国人学生です。本学で学ぶ学生が、自分たちで自分の母語、あるいは継承言語をもって日本の大学、自分たちの大学のこと、自分たちの学びのことをお話すると、こういう機会を組み込んだわけであります。新聞などでも取り上げていただいています。2年にいっぺんなんですけれども、7月っていうのは前期の終わりのほうで、4月に学生実行委員が立ち上がって結構バタバタしています。本当に日本の大学に進学を希望するブラジル人やフィリピン人の高校生や、その保護者に情報が届いているか。最初のころに比べると、だいぶいろんな当事者団体のNPO、フィリピン人やブラジル人のNPOと連携してるんですね。ほんとに高校に行っててうちの大学受けたいなっていう子たちが親を連れて来てくれるといいなと思っています。これは今後の、来年度、2020年の課題です。

本学は2020年度に20周年を迎えるので、20周年行事とうまくコラボしてできるといいなと考えています。それからキャンパスツアーの独自事業化を検討できないだろうかなということを考えています。

その次、『「デカセギ」の30年』という企画です。これは今年やる予定なんで、こんなことをするんですよということだけ、お話をします。1989年に日系人受け入れの法律ができてから、2019年でちょうど30年なんですね。で、新しい特定技能という在留資格が始まって、日系人の労働者の比率がだんだん低まっていくと考えられます。在浜松ブラジル総領事館からの呼びかけがあって、ずっと浜松でブラジル人のことを追っていた写真家ジュニオル・マエダさんの写真を展示しましょうということになりました。それに合わせて、今後30年のブラジルコミュニティーを考えるシンポジウムを行います。さらに、交流コンサートを行います。彼女は、ブルガリア人のお父さんと日本人のお母さんを持つピアニストで、福島県で高校まで出たんですけれども、ブラジル音楽に関心を持って、高校卒業後8年間、ブラジルにいた。で、彼女は一方で、作詞作曲もするピアニストで、ご自分の創作童謡を作ったりします。その創作童謡を大学の隣の小学校の子どもが日本語で、そして浜松にあるブラジル人学校の子どもがポルトガル語で一緒に歌う。そのステージを、大学の講堂で行おうと企画しました。30年を振り返る写真展をやる。で、シンポジウムでこの30年のブラジルコミュニティーを振り返り、未来のことを考える。そして未来を担う子どもたちが、日本とブラジルをつなぐピアニストの作った曲を、ステージの上で、それぞれの言葉で一緒に歌う。こういうコンセプトで一つのイベントを仕立てようとしています。

続いて大規模調査です。今日はこの調査の結果、内容についてはいっさい触れません。2002年から2016年まで、かなり大規模な調査を行っています。県とか市から委託を受けて行った調査で、当然私1人ではできません。先ほど申し上げた、うちのブラジル人の教員とか、統計分析の専門の学外の研究者と連携してチームを組んでやっています。静岡県の2007年と2009年の調査がありますが、この2つの真ん中に2008年が入っていますね。すなわちリーマンショックの前後を、県レベルで捉えた調査って静岡県しかないんですね。そしてさらに、近いところでは2016年にも調査を行いました。

今日ここでお話ししたいのは、その調査結果をどう公表して地域に還元するかってことです。さっき私は冒頭、ちょっとかっこいいことを言いましたね。われわれ、浜松の公立大学の教員としては、「調査をしました、私が論文を書きました、私の業績ひとつ増えました、終わり、じゃ駄目だ」って言いましたね。調査を使ってどうやって地域と関わっていくか。行政では報告として当然、冊子やウェブで公開されます。その後独自の分析をして報告書を出したり、大学の学術リポジトリで公開したり、学会発表したりします。

ここまでは普通、受託した研究者は誰でもやります。ここから先、その結果をフォーラム等で公表討論して地域や当事者に還元する、その図式をちょっとだけお話しましょう。

浜松の2006年の調査の後、調査結果を元にセミナーを行いました。浜松市から受託されて調査を行った結果を、多文化共生の活動に関わる自治会の人とか当事者コミュニティーとか、NPOの人たちにフィードバックする報告会を行いました。その人たちそれぞれの活動現場での知見を元に、コメントをくれたり、さらにこんな視点で分析してみたらどうかっていうフィードバックをいただきました。私たちは、そのフィードバックしていただいたものを踏まえて、詳細に分析しました。その結果報告がその日の第１部。そのデータを見た市民の活動家が、そのデータと、自分たちの日ごろの経験から、こんなことができるといいなって提言を行う。こういう第２部をうちの大学で行うことで、調査を行って終わり、報告書を作って終わり、ではなくて、それを地域の人たちと共有しながら政策提言に結び付けていく、こういう枠組みをつくっております。

日本語教育研究についても、先ほど申し上げた、日本語教員養成課程、あるいはその中心となった教員が文化庁から助成を受けたプロジェクトを行いましたが、今日はここは割愛しましょう。

もう一つ、大きく今日皆さんに紹介したいのは、こちらの高桑先生も足を運んでくださった多文化子ども教育フォーラムです。Forum on Intercultural Children's Education、FICEと呼んでいますが、これについてお話をしたいと思います。

静岡県西部地域、とりわけ浜松市にはいろんな教育支援団体があったりするんですが、一堂に会して話をする機会ってのは、実はなかったんですね。だから、市民の皆さんから、なんとか教育に関わる団体の人たちが一堂に集まれる機会を、大学がリードしてつくることはできないだろうかという相談を、いろんな機会で受けていました。そこで、支援活動のNPO、学校の先生方、あるいは行政の担当者、外国人当事者等の、外国につながる子どもたちの教育環境改善に資する研究を進めるということで、誰が参加してもOKとして、このフォーラムを立ち上げました。通常、こういうのを行政がやると、メンバーを決めてしまうんですね。何とか団体の代表の誰々さんって決めちゃう。そうするとそこに入れない人の声が反映されない。そこでこの会は、誰が来ても OK、誰かが来ないからといって怒らないという、オープンな会の運営をしていきました。

2012 年から 16 年度までの 5 年間、活動を行いました。最初にまずお断りしなきゃいけないのは、今、2019 年度なのに、なんで 2016 で終わってるんですかっていうことです。これにはいくつか理由があります。ちょっと個人的な理由もあるんだけど、お話をします。実は 2016 年度っていうのは、あのー、私個人にとっても、とても重要な大きな年でした。2016 年度の夏に、うちの長男がマラソン大会の途中で重度の熱中症で倒れて 2 週間意識不明でした。幸い、命を取り留めて頭も体も何ともなく、社会に復帰したんですけども、ほんとに生きる、死ぬの世界をさまよいました。で、息子が復活した、よかったね、って言っていたら、当時の副学長が倒れました。研究室で倒れていて、亡くなっていたんですね。それがあって 2017 年の 1 月 1 日に、私が副学長に就任するということがありました。また、実は、後で言いますが 2016 年度の、このフォーラムのまさにその場で、ずっと長く一緒にやってきたブラジル人の教員が倒れました。彼女は現在も半身不随で、今、アメリカで療養中です。つまり一緒にやってきた仲間が倒れてしまいました。それから私自身がすさまじく忙しい管理職になって、なかなか今までのようなペースで時間とエネルギーをこれに向けることができなくなった。そういう理由で 2016 で止まってます。まず 2012 年度はですね、いろんな活動をやってる人たちと一緒に 4 回やって、市の教育委員会に出す提言にまとめようということで、ワークショップなどと重ねていきました。2013 年度は、当事者学生が物申すという回もありました。この辺が、当事者学生の活動がすごく活発になっていった時期です。2014 年度はそれを受け継いで、外国人保護者は何を考えているか。ブラジル人カウンセラーによる子どもと保護者の心理分析などと続いていきます。

今回はここで、一つ一つを詳細に読むのではなくて、特にその 2013 年度の当事者学生たちの関わりを大学としてどうサポートしていくかっていうところをお話ししたいと思います。2013 年に、ちょっと挑戦的なタイトルなんですけれど、『当事者学生が物申す』というフォーラムをやりました。うちの大学に 2011 年以降、定住外国人のブラジルやフィリピン、中国の学生が入学するようになってきました。彼女や彼らは、やっぱり小学校や中学生のときに学習支援を受けたわけですね。小学校や中学校で学習支援をしている先生方やボランティアの方々は、その後のことって分からないんですよ。だけど、外国人の子どもたちの人生はその後も続いていて、それで、「あのときこうだったけど」ってことを言いたいという。じゃ、この会を設けるからあなた方、ちゃんと考えてることを伝えなさいと言いました。彼ら定住外国人の学生たちは毎週ミーティングをして、伝えたいことを練り上げていきました。これは当日の様子です。ここも具体的に、どういう提言があったかってことは、今、ここでは触れません。後で紹介するフォーラムのサイトを見ていただくと、その日の資料など出てまいります。前半にプレゼンやって、後半は100人ぐらい集まった方々でグループディスカッションです。各グループに1人の当事者学生が入いり、こういう形でディスカッションを行いました。

同じく、その2013年度に、バイリンガル絵本プロジェクトというのを始めました。ここに現物があるんですけども、バイリンガル絵本とは、デザイン学部の学生だった定住ブラジル人の学生が卒業制作として作ってくれた資料です。彼女はブラジル人学校と日本人の学校を行ったり来たりした経験を持っていて、保護者向けには日本の学校はどういうことですよって説明をする活字資料があるんだけれども、実際、日本の学校に入る子どもが、日本の学校のことをリアルにイメージして「日本の学校、楽しそうだな」って思うようなものがないことを問題と考えていました。ではそうしたビジュアル資料を作りましょうということで、学校に取材をしたりしてバイリンガル絵本を作っていったわけです。私たちは彼女が作った1冊の卒業制作を卒業制作だけで終わらせるのはもったいないというふうに考えて、これを使って、何か実践的な研究ができないかと考えました。

それがこのプロジェクトです。浜松市内の学校に配って、その時に「ヒアリングの調査、受け入れてもらえませんか？」という紙を一緒に配りました。「OKですよ」というお宅に、本学の定住ブラジル人学生たちが出掛けていって、いくつかの質問を聞くわけです。当然、ご家庭の中での状況を尋ねると同時に、ロールモデルとなる日本の大学に入った学生たちを直接お宅にデリバリーするというプロジェクトとしての性格も持っていました。大学生たちにとってみれば、自分たちの持つバッググラウンドが、社会的な意義を持つということを実感して、エンパワーメントの機会になっているというプロジェクトだったわけです。絵本は具体的にはこんな感じの内容で、例えば給食の様子や持ち物などが描いてあったりします。学生たちが家庭訪問する前に、記者会見やったんですけれども、新聞でも取材してくれました。

それで、ご家庭に入って、定住ブラジル人学生がデータを取ってきました。さきほどと同様、「結果はこれです、論文書きました、私の手柄ひとつ増えました」で終わりません。学生たちが回った結果をどうフィードバックするかポルトガル語で行ったフォーラムでそれを還元しました。多文化子ども教育フォーラムの第6回です。この回はポルトガル語での討論会ということにしました。実際回った学生たちが、全編ポルトガル語で結果を報告しました。ここに背中が映ってるのは在浜松のブラジル総領事です。同時通訳を入れましたけれども、基本的に私は冒頭のあいさつだけして、あとは全部学生たちに任せました。

で、そこでの内容をまとめたのがこの報告冊子です。ポルトガル語と日本語の対訳にして、日本の大学に進学したブラジル人たちの経験から学ぼうという冊子を作りました。次のフォーラムのときには、この冊子を参加者の皆さんにお配りして、ぜひまたこれを元に議論しましょうと呼びかけました。定住ブラジル人学生による家庭訪問結果をフィードバックする。今度は日本語で討論するということで、ブラジル人家庭での調査結果を元に、ブラジル人たちがどういう話をしたかを日本語でフィードバックして、今度は日本の人たちからいろんなインプットをもらっていくと、こういう仕掛けをつくったわけです。バイリンガル絵本プロジェクトは、大学進学したロールモデルである学生たちをブラジル人のお宅にデリバリーする機会であり、保護者からポルトガル語で直接ヒアリングする機会でもありました。なかなか学校の集まりやPTAの集まりには来ない、ブラジル人の保護者たちの声を生で聞く貴重な機会でした。子どもにも学習のモチベーションを高める支援となりました。つまり大学に行ったお兄ちゃん、お姉ちゃんのことは話には聞くけれど、自分のおうちにやってくる。これがモチベーションの支援になるのではないか。その後、在浜松ブラジル総領事は、大学が渡した「バトン」を受け取ってくれて、絵本の増刷を向こうの予算でやってくれました。浜松市内の小学校に通うブラジル人の家庭に配布してくれるというふうに、定住ブラジル人学生が作った1冊の卒業制作がたくさん増刷されて、子どもたちの手に渡っていったわけであります。

ちょっとこれを図式化してみましょう。多文化子ども教育フォーラムが始まった、その第5回で、『当事者学生が物申す』という形で、かなり大きな反響があった。卒業生が卒業プロジェクトで作った絵本を使って家庭訪問ヒアリングをやって、その結果をポルトガル語のフォーラムで報告した。そこでの内容を踏まえて、この第7回というのは日本語でやって、ブラジル人保護者が何を考えてるかっていうフォーラムを行っていくと、こういうつながりができていきます。

学習支援について。これは、さっき申し上げた、地域連携演習のプログラムのひとつとして行っています。この演習科目は実践的な活動を通して地域の課題を認識するという目的を持った科目です。具体的には、NPOが市の教育委員会から受託している外国人中学生向けの放課後学習支援教室に、学生が出掛けていって指導する形を取っています。

最後になりますけれども、カラーズというのをちょっと紹介します。これは国際交流協会がイニシアチブを握っているものですけれども、主な活動メンバーは本学に在籍する定住ブラジル人や定住フィリピン人の学生たちです。同じ背景を持つ第2世代が集まって継続的な活動をしたいというのがかれらの目的です。ここからは彼らが作ったものをちょっと拝借していますけれども、Communicate with Others to Learn Other Roots and Stories、略してCOLORSなんですけども。当事者の学生たちが活動しています。ルーツ、ストーリーを語ろう、もっと厳しいことを語り合おう、国際結婚の話、就活の話などなどについて活動をしています。

このCOLORSの活動を通じて、彼らは出張COLORSというものを考えました。外国籍の生徒が多い高校へ出掛けていこうということで、浜松および近隣の定時制の高校に彼らが行ってワークショップを行います。これは個別に数学を教えるとか英語を教えるのではなくて、ワークショップを行うことで、日本での学びの動機付けをするというものです。これは日本人の先生が、君たち、日本では高校ぐらい出なきゃ駄目だよ、というのと全然違うリアリティーがあるんですね。しかも例えば彼らの一部は定時制高校出身です。彼ら自身が定時制出て大学に入ったという姿を見せることで、日本で学ぶ、生きてくことについてのモチベーションが高まるはずです。面白いのは、最初は外国人生徒を対象にやっていたんですけれども、話を聞いた日本人の生徒が「先生、僕もそれ、行っていいですか」って言って参加するようになってきました。つまり日本人が外国人を支援するっていう、これまでの固定的な枠組みじゃなくて、外国籍の学生たちの活動が、日本人の生徒さんにも刺激を与えた。こういう図式が今、浜松では出始めているところです。さらにもう少し他の学校にも、高校にも展開しているところです。

最後になりますが、いくつか見ていただいた本学の多文化共生のイベントは、もちろん日本人学生も関わりますけれども、定住外国人学生が企画運営に深く関与します。場合によってはリーダーを務めます。このように、新しい多文化共生の社会像を提示する機会になっています。また、高等教育機関で頑張っているロールモデルを提示する機会にもなっています。大規模な調査では、調査結果の学術的還元自体も大事なんですけれども、その結果を地域へ還元する点も、本学の特色なのかなと思います。とりわけポルトガル語での討論会を通して、調査結果を、アンケートに答えてくれた外国人当事者に、あるいは当事者コミュニティーにフィードバックする。それをさらに日本語で報告して地域に還元する。この循環的な結果の共有と地域への還元を意識して行っています。

日本語教育や多文化子ども教育フォーラムといったものは、大学のリソースを地域に還元すると同時に、地域の人々とともに多文化共生のフロンティアを切り開いていくことにもつながっています。それが公立大学としての私たちの使命で、学術的な役割と同時に実践的な役割も果たしています。地域の外国人コミュニティーと、受け入れ社会をつなぐプラットフォームとしての役割を、今日、皆さんにご紹介いたしました。ご清聴ありがとうございました。

第３章　トークセッション
「内なる国際化プロジェクト　学びの支援を振り返る」

矢崎理恵・野沢慎司・浅川達人

ごあいさつ

（野沢）　明治学院大学の社会学部の教員をしております野沢と申します。本日このセッションでお話ししていただく、「社会福祉法人 さぽうと 21」の矢崎理恵さんと一緒に、掛け合い漫才的に進行できればと思っています（笑）。

皆さんのお手元に「内なる国際化」プロジェクトのリーフレットを配布しております。今年度（2019 年度）で５年目に入る明治学院大学のプロジェクトです。さぽうと 21 さんと連携のご縁を得て、いくつかの活動を行ってきました。途中で、浅川達人先生にも加わっていただき、どのような共同事業をやってきたのかを振り返りたいと思います。まず矢崎さんから、現在に至るまでのさぽうと 21 の活動史をご紹介いただきます。

さぽうと 21 の活動—日本国内の難民などの子どもたち支援

（矢崎）　はい、どうもありがとうございます。社会福祉法人さぽうと 21 で学習支援室のコーディネーターをしております矢崎と申します。明学の先生方と出会いに至る話の前に、さぽうと 21 ってどんな団体かについてご紹介させてください。

さぽうと 21 の前身は 1979 年に、当時 67 歳だった相馬雪香が「インドシナ難民を助ける会」という名称でスタートした団体です。今は「認定 NPO 法人 難民を助ける会（AAR JAPAN）」と「社会福祉法人 さぽうと 21」という２つの団体に分かれて活動をしております。AAR JAPAN のほうは主に海外での支援活動を行っている大きめの NPO で、社会福祉法人さぽうと 21 は日本でお暮らしの難民の方などの定住支援、自立支援をする小ぶりな団体です。

現在、さぽうと 21 が支援している対象は、難民、中国帰国者、日系定住者、それから「日本しか居場所のない人たち」、具体的には脱北者などが含れます。「インドシナ難民を助ける会」から始まり、日本にいる難民の方々が主な支援の対象です。日本には、インドシナ難民、条約難民、第三国定住難民と呼ばれる難民の方々が暮らしています。さらに、難民の認定はされなかったけれども「人道的配慮」によって在留を許可された方々も少なからずいます。

インドシナ難民の方々については、記録として残っている数字ですが、2005年までに1万1319人が定住をしています。それから、条約難民の方々は難民条約で定義された難民要件に該当すると判断をされた方々です。よく「日本に難民っているの？」という声を聞きますが、数は多くないけれども確実にいることを覚えておいてください。

難民の定義は、「人種、宗教、国籍もしくは特定の社会的集団の構成員であることまたは政治的意見を理由に迫害を受けるおそれがあるという十分に理由のある恐怖を有するために、国籍国の外にいる者」と「難民の地位に関する1951年の条約」（難民条約）に書かれています。日本もこの難民条約に1981年に加盟しています。それから第三国定住難民があります。日本政府主導の計画的再定住プログラムとご理解ください。これが2010年にスタートして、2018年までの数字では、44家族、174名の受け入れとなっています。当初は、タイとミャンマーの国境沿いにある難民キャンプで生活をしていた方々の中から日本に移住することを希望された方々を受け入れました。アジアでは最初に受け入れを始めたのが日本です。この第三国定住難民の受け入れ人数は年間30名ですが、現在、これを増やしていく方向で話し合いが行われています。また今は、難民キャンプではなく、マレーシアに逃れてそこに滞在していた方々で、日本への移住を希望している人が受け入れの対象になっています。

難民の子どもたちに固有の困難

いろいろな過程を経て、日本に定住が決まった後の支援が私どもの団体の事業になります。とくに子どもたちを支援することが多くなっています。一般的に外国につながる子どもたちは苦労することが多いのですが、「難民」であることで何か特別な難しさがあるのかとよく訊かれます。その点について私はこんなふうに思っています。

まず難民の子どもたちは、人間関係や学習状況が、突然分断され、断ち切られ、考えられない場所への移動を強いられています。そして、長期間にわたる親子の離別があります。私たちもなかなかうまく対応できないのですが、例えば、親の１人が難民として日本で生活をしているとします。家族を日本に呼び寄せるまでにとても長い時間を費やしてしまうことも珍しくありません。そのような場合、再会して家族として暮らし始めても、親子関係が不安定になりやすいのです。

とくに条約難民の場合は、日本に来る前には本国で活躍していた父親や母親を子どもたちがよく知っていることも多いです。そうすると、なぜ自分の家族が日本に来ているのかが理解しにくくなります。そして自分がどうして日本にいなければならないかもよくわからなくなります。自分の選択で日本に来ている子どもはほとんどいないと思いますが、難民の子どもの場合はとくにそうです。親の政治活動のことなども理解しにくいだろうと思います。かつて本国で活躍していた父親や母親が、日本に来てからは一変してしまい、生活に追われる両親の姿しか見られないとなると、こんなに苦労してまでなぜ自分はここにいなければいけないのかが理解できないのです。日々悶々と過ごしていることが多いと思います。

それから、日本で生まれた子どもたちも非常に増えていますが、難民の場合、大使館等への出生届けは出せません。無国籍状態で成長します。難民の場合、とくに条約難民では、親の学歴が高いことも多くて、当然のように子どもに教育上の期待を抱き、勉強しろと厳しく言います。どうして勉強できないんだ、と言うわけです。頑張ればできるはずだと。子どもたちには親からの強い期待があります。第三国定住等で難民キャンプから日本に来た方々が日本への移住を希望した理由も、子どもたちによい教育を受けさせたいという強い思いであることが多いです。何とか子どもを大学に行かせたいという気持ちも強いように思います。普段子どもたちと接しながら、子どもたちの大変さはそのあたりにもあると感じています。

学びの支援と親子関係の支援

そのような中で、さぽうと21では相談事業、自立支援事業、学習支援室事業をずっと続けています。自立支援事業というのは、学校に通うために必要な費用の支援、つまり奨学金の支給です。皆さんからいただいたご寄付によって、難民、中国帰国者、日系定住者の方々に返済不要の奨学金をお渡し

するのがこの事業です。今は資金の関係で50人に満たない人数になっていると思います。高校生から大学院生までの奨学生が毎年夏に全員集まって夏季研修会なども行っています。

もう一つが、私が関わっている学習支援室の事業です。日本語学習だけではなくて、子どもたちの学校の教科とか、パソコンとか、運転免許取得のための勉強がしたいという人がいれば、それも応援できないかと考えます。ネイリストになりたい人がいれば、ネイルの実技試験と筆記試験の対策を一緒に頑張って勉強してみようか、とか。とくに何を勉強しなければいけないと決めてはいません。何を学びたいのかを聞いて一緒に考えるような、週末の「ご近所さん」的存在として支援活動をしています。

目黒の教室が毎週土曜日の午前10時から午後6時まで。錦糸町の教室も毎週日曜日、午後1時から5時まで。学習指導に100名以上が登録をしています。最近は低年齢の子どもも学べるようにしようと考えていて、最年少は4歳児だと思います。上は、専門学校生や大学生もいますし、60代の方もいらしています。ミャンマーにルーツのある方々に加えて、コンゴ民主共和国とかエチオピアとかの出身の方もぽつぽついらっしゃいます。学習支援ボランティアも100名前後が登録をしてくださっています。現役の社会人が多いのが特徴ですが、下は高校生から上は定年退職者までになります。ほぼ全員が電車で、遠方の方は片道1時間半くらいかけて学習支援室にやってきます。

私が毎週組んでいるシフト表がありまして、2006年、2011年、2015年のシフト表を比較してみました。2006年には子どもは一人だけでしたけれども、だんだん増えてきて、2014年は20人、15年は35人、2016年は30人ですから、だいたい20～30人ですね。ところが、2017年に40人、2018年には46人です。先日数えてみたら64人になっていました。今日も新しい学習希望者が家族ごと来ていました。そこに子どもが2人くらい付いてくる感じなので、今月末ぐらいから70人を超えると思っています。子どもたちの数がどんどん増えているので、その対応が課題です。

学習支援室をやっていていつも感じるのは、子どもたちに勉強できるようになってほしいということですね。勉強を楽しいと思ってほしい。けれども、どうやって学力をつけるかという問題に加えて、親子関係の問題があります。親と子が一緒に勉強する場所なので、親と子の生き方の違いが見えてくるし、互いの関係がこんがらがった糸のようにもつれていることが見えてきます。そこに私たち支援者がいることで、糸のもつれが整理され、ほぐれる方向へと変わる手助けができないだろうかと悩みます。親子が考え方をうまく共有できない状況では、子どもたちが成長していく先を見て、自身が好きな仕事に就いて、自立していくという意識をなかなかもてないと感じます。働くことを見据えた支援をすることも難しいなと感じます。

これらの問題については、当初、私たちのような団体の役割、学校の役割、難民事業本部の役割をどう明確にして分担するかを考えていたのですが、それに時間を使っていると、目の前にいる子どもたちのお困り事は何も解決しないし、親も子どもも困ったままだと気づきました。そこで、アウトリーチの相談対応、というか、必要とあればどこにでも出掛けていくという方針に切り替え、動き方を変えました。学校の三者面談の同席もしますし、塾にも同行する。学習支援室をやってる人間にすぎないのですが、その塾がどういう塾かを親と一緒に行って見極めて、親や子どもと話しながら決めるわけです。学習環境を見るために家庭訪問もするし、了解があれば学校にも行きます。進学説明会等にも親御さんと一緒に参加します。ただこれは、親御さんから希望があることが大前提です。

長期休暇に学力をつける
―「内なる国際化」プロジェクトとの出会いと予想外の効果

学力をつけるという課題については、学校の授業が進まない長期休暇の時期を活用して基礎的な学力をつければ学校について行けるのではないか、と長年考えていました。しかし、長期休暇の有効活用をいかに実現するか、悩んでもいました。ボランティアの方々に頼るにもあまりにも負担が大きい、と。

ちょうどそのころ、偶然、明治学院大学の「内なる国際化」プロジェクトの先生方とお目にかかる機会を得て、大学の教室を使えることになりました。そして折も折、スポンサーとして一般財団法人（現在は公益財団法人）柳井正財団がお声がけくださったのです。小さな団体だけでは不可能だった事業が実現できるかも、となってスタートしたのが、夏休み・春休みの集中学習支援教室です。

集中学習支援教室は、2016年の夏休みから夏春夏春夏春、夏春を３回繰り返して現在に至ります〔合計６回〕。最近は子どもたちから子どもたちへと、また親から親へと伝わって、新規参加者につながります。交通費は全額支給をしていることもあって、これをきっかけに学習の場にとりあえず足を向けるようになる例が非常に多いです。ただ、これをきっかけに通常の学習支援室にもその勢いで通い始めるので、先ほど述べたように、通ってくる子ども数がすごい勢いで増えている状況です。また、2016年にはほとんどいなかった高校生が増えています。当初は中学生だった子が３年もたてば高校生になるので当然のことですが。その数が増え、さらに最近は小学生がどんどん増えています。

子どもたちが大学という場で勉強させていただく夏休みの約20日間、春休みは８日間、朝の10時から夕方の５時まで、毎日ここ（白金キャンパス）に通ってきて、学食でお昼を食べたりしながら勉強することを続けました。最初はとにかく長期休暇にまとめて勉強してほしいと思っていました。けれども、想定外の嬉しい効果として私たちが捉えていることがいくつかありました。

まずは大学が備えている教育環境です。大学の先生や学生さんからすれば当たり前かもしれないけれど、勉強に適した環境に身を置けることはすごく幸せなことだと改めて思います。そして、安全が確保されたキャンパス内では、子どもたちが教室を出ても危ないことがないわけです。

また、立派な図書館を見たり、一生懸命勉強する大学生の姿を見たり。大学生の皆さんがボランティアとして参加くださって、大学がさほど遠い存在でもないと実感できるようです。それが子どもたちの刺激になっていると思います。

さらに、同じような立場の同じ学年の子どもたちが一緒に勉強をする居心地のよい場の効果がありました。自分も大変だけれども、人の背景の多様なことをあらためて学ぶことで、子どもたちが成長していると思います。

そして、学生ボランティアや先生方など、教室に関わってくださる方々の日、自分を見てくれているたくさんの目があることを子どもたちはとてもよくわかっています。それが大きな励みにつながっていると思います。

その一方で、難しさを感じてもいます。子どもたちの日本語力、基礎学力、家庭の学習環境はあまりに異なっていて多様です。20日間通ってよい成績を取ってくれたら嬉しいですが、急激に劇的な効果があるわけではありません。同時に、私が子どもたちを特別扱いしていないかと悩みます。手を差し伸べ過ぎれば、子どもたちの自立にはつながらないわけです。その塩梅の難しさにいつも悩みます。

指導者が足りないのも悩みです。指導者に私が求めるのは、多様な背景を包み込むように理解し、適度な距離感を保つこと。子どもたちの抱える困難に気づきつつ、凛として学習を前に進めていける力のある先生です。

長くなりましたが、私からは以上です。

「内なる国際化」プロジェクト始動期におけるさぽうと21との出会い

（野沢）　ありがとうございます。最後に、集中学習支援教室の3年間を振り返っていただきました。それについては、このセッションの最後に再度お話ししたいです。

ところで、さぽうと21のオフィスは目黒駅の駅のすぐ近くにありますね。明治学院大学白金キャンパスから歩いて15分ぐらいのところなんです。しかし、私も知りませんでした。そこに幸運な偶然の出会いがありました。

（矢崎）　そうでしたね。

（野沢）　それをきっかけとしてさぽうと21と明学「内なる国際化」プロジェクト、そして柳井正財団のコラボレーションが始まるわけです。

「内なる国際化」プロジェクトの特設ウェブサイトがあります。今までやってきた事業については、そのサイト上で記事として発信しています。ウェブサイトのURLとQRコードを付けました（http://internal-i18n-meijigakuin.org/）。こちらにぜひアクセスしてみてください。その中の記事に基づきながら、これまでの本プロジェクトの活動についてご紹介します。

明治学院大学でも教育の特色として「国際化」を以前から打ち出しています。本学のルーツが幕末にアメリカから来日した宣教医のJ. ヘボン〔ヘボン式ローマ字の発明や日本初の本格的和英辞書の編纂で

知られる〕であることも関係しています。国際化と言えば、学生を留学に送り出し、海外で異文化に接し、語学力を身につけさせることに集約されがちです。そこで、視点を逆向きにして、日本国内の国際化に着目しようじゃないかというのがこのプロジェクトのアイディアです。「内なる国際化」という名称は、必ずしも新しくはないのですが、それに対応できる人材を養成することを大学の使命にすることは必ずしも当たり前ではないので、挑戦してみようということになりました。教養教育センターと社会学部という大学内の複数の部署が協働するのはめったにない試みです。しかもこのテーマの専門家ではない教員が集まって始めたという点でもユニークです。当初はどうなるかと不安もありましたが、時代の要請に応えることになるに違いないという直感的な確信から始動しました。

私自身もこの分野の専門家ではありません。現在では、長谷部美佳先生のような専門の研究者にメンバーに加わってもらいましたが、最初の1年間は両部署の教員がまずは「内なる国際化」の現実を学んでいくことから始めました。同時に、学生たちが実践活動を通して学ぶのに適した場を探していました。そのときに、私のよく知る明学社会学部の卒業生が、さぽうと21の存在を教えてくれました。彼が当時つきあっていた女性が、現在では配偶者なのですが、矢崎さんが支援された方だったわけです。

そのようなご縁があり、最初の年には、矢崎さんから外国ルーツの若者たちをご紹介いただきました。その一人、宮ヶ迫ナンシー理沙さんが監督した『Roots of many colors』という映画の上映会と監督や出演者のトークイベントを開催しました。ほかにも関連する映画上映会や講演会のイベントを連続して開きました。

そのあたりからいろいろなアイディアが出されて企画が動き出しました。例えば、浅川先生が明学の合気道部の部長（当時）であり、合気道の黒帯を持っています。そこで、日本の文化に触れたい子どもたちがいるなら、大学の合気道部の練習に参加してみないかということになりました。数人の男の子たちがどれくらい通いましたかね。

（矢崎）　1年くらい。

（浅川）　1年間ぐらいですね。

（野沢）　子どもたちが大学のキャンパスに来ることになる端緒はこれだったと思います。その後、先ほど矢崎さんのお話にあった夏休み集中学習支援教室を明学の白金キャンパス内で開けないかという提案を受けました。2016年の夏期休暇中に大学の教室を使って開催する段取りがつきました。

キャンパス内の集中学習支援教室は大学生に何をもたらしたか

その様子はいくつかの新聞に取り上げられました。その記事がプロジェクトのサイトにも転載されています。とくに『カトリック新聞』には繰り返し取材していただいて、何度も記事になりました。

夏休み集中学習支援教室には、明学の大学生に支援ボランティアとして参加してもらうことで実践的な学びの機会としました。ボランティア学生を募集したところ、社会学部生を中心として、他学部生、大学院生、他大学生を含む28名の学生が集まりました。そして子どもたちの勉強している場で支援したわけです。例えば、『カトリック新聞』の記事には参加した大学院生（明治学院大学大学院心理学研究科教育発達学専攻修士1年生）の次のような声が紹介されています。

> 日本語がわからない子どもたちが、日本語で教科の授業を受けるのは大変なことです。しかも外見の違いで日本人の同級生から仲良くしてもらえないこともあり、残念です。もしスクールカウンセラーが「外国につながる子ども」たちの窮状を知っていれば、積極的に声をかけ、見守ることができます。（『カトリック新聞』2016年8月28日）

臨床心理士、スクールカウンセラーを目指していた大学院生だったと思いますが、この教室に参加して重要な気づきを得たようです。その後、本プロジェクトでは、この学習支援教室での実践的な学びの機会を一連の授業の中に組み込んでいけないかと考えました。社会学部のカリキュラムの中に関連する講義科目をいくつか用意しました。その中に「ボランティア実践指導」という実践的な学びの授業も加えて、その授業では集中学習支援教室でのボランティア実践を組み込むような授業を設けました。

この最初の夏休み集中学習支援教室に参加した学生たちは、皆、授業とは関係なく純粋なボランティアとしての参加だったわけですが、毎日の教室でのボランティア活動後に記入してもらう「振り返りシート」を用意して、そこに気づいたことや反省点を記録してもらいました。そこに書かれている学生たちの学びについて文章を書いたことがあります〔野沢慎司「難民など外国につながる小中学生のための夏休み集中学習支援教室―大学キャンパス内で学生が支援に関わる試み」『外国につながる子どもたちと教育（ブックレット2）』、かんよう出版、2017年、31-48頁〕。その内容を簡単に紹介してみたいと思います。

学生たちが教室に参加して、何を見て、何を感じたのか。それは4つぐらいのポイントにまとめられそうです。第一に、日本語を使うことが難しい子どもたちの状況に直面して、にもかかわらず教科を学ぶとはどういうことなのか、初めて知ったことのインパクトですね。問題文の意味が理解できない場合、学習向上に大きな影響を与えることが実際によくわかった、と。例えば、明学のボランティアセンター通じて被災地の子どもたちの学習支援をこれまで日本人の子どもを対象にやった経験がある学生ですが、そもそも日本語に困難がある子どもに初めて直面して、特別な大きな支援ニーズがあることに気づくというのが第一の発見です。

第二に、異質で多様な生活状況にある子どもたちへの理解です。大学生である自分よりも政治や社会に関心がある子どもに接してすごいなと思った学生がいました。自分たちと違う状況にある、自分とは異質な経験をしてきている子どもに対して「尊敬」という言葉で表現した学生がいました。むしろそこから自分が勉強させていただいているという感覚です。大学生は支援に加わっているのですが、自分たちの方があらためていろんなことを知らないと気づかされていく。実は、われわれ教員も同じだったのですが。

3つ目は、とは言え、そこで子どもたちの学習を支援し、教えなければならないわけです。ところが、それがいかに難しいかに気づいたと書いている学生たちがいました。

> なにげなく使っている日本語も、日本語が母語でない子どもたちにとっては、難しい言葉であり、またそれを使って勉強するのはさらに大変なことだと改めて感じました。また、そのような言葉を説明してほしいと言われても、上手に説明することができなかったので、自分ももっと日本語について学ばなくてはいけないと感じました。（Wさん、社会学科2年生、参加2回の1回目）

また別の学生は、「日本語の問題、教科の問題と別個の課題があるわけではなく、それらの問題が複合的に絡まって一つの課題が生まれている」と指摘していました（Aさん、社会学科４年生、参加３回の１回目）。先ほど矢崎さんがおっしゃったような、子どもたちの背景を包み込むように理解し、適度な距離感を保つというレベルには至りませんが、ちょっとだけそれに近づいたのかもしれません。

最後の４点目は、関わりの難しさから楽しさへの変化です。支援は難しいからやめてしまおうと思ったわけではなくて、慣れてくると子どもたちと関わることの楽しさにも気づきます。子どもたちの素晴らしさにも気づく。学食で子どもたちと一緒に食事したりして、自分も子どもたちにとって先生とは違う存在として関わる意味があると書いていました。

初回の振り返りシートの内容から浮かび上がってくるのは、子どもたちだけが学習しているのではなくて、大学に子どもたちを招くことによって、大学生も大学教員も多くの刺激を受け、学ぶことができるということです。さぽうと21のような経験の蓄積があり、幅広いネットワークを持っていらっしゃる団体とつながり、協働させていただいたことによって、何を学ぶ必要があるか、それはいかにして学べるのかが次第にわかってきました。

社会福祉法人・財団・大学─三者協働の多様な展開

この集中学習支援教室以外にも、さぽうと21の主催する「理解を深める講座」などのイベントを何度か明学で開いていただきました。この分野の研究者や臨床家、そして難民だけではなく外国ルーツの多様な方々、親の立場の人や子どもの立場の若者たちを招いて、お話をうかがう機会を何度もいただきました。集中学習支援教室にも、多様な明学の学生や卒業生に子どもたちを前にして自分の学生時代や思い描くキャリアについて語るという交流の機会を設定していただいたこともありました。実に多様な企画に一緒に挑戦させていただきました。

柳井正財団がある、六本木のファーストリテイリングの本社に、子どもたちが招かれる機会がたびたびありました。その際には学生たちの何人かが一緒に参加して、子どもたちとともにレクリエーションを楽しむ企画を担当させてもらったこともありました。学生たちの経験も幅が広がりました。さらに、柳井正財団と明治学院大学は協定を結び、非常勤講師による「内なる国際化」関連の授業の一部を財団の寄付講座として財政的な支援をいただいています（現在は、協定先がファーストリテイリング財団に変更）。

そうした関連の科目の中でも目玉になる「ボランティア実践指導」という科目を2018～2019年度はさぽうと21の田中美穂子先生に非常勤講師として担当いただいています〔2020年度は矢部まゆみ先生がご担当〕。この科目など実践の学びを伴う授業（4単位以上）と他のいくつかの指定科目（12単位以上）を修得することによって大学が「多文化共生ファシリテーター」として認証する制度を設けました。実践の学び科目を除いた指定科目（12単位以上）だけでも「多文化共生サポーター」として認証されます。2018年度までの2年間でファシリテーター認証が8名に出されました〔さらに2019年度には5名が認証された〕。この学生たちが社会のどういう場面で活躍できるか、キャリア支援にまでつなげるのが今後の課題です。

2019年度からは、社会学部だけではなくて文学部、国際学部、心理学部（教育発達学科のみ）の学生も「多文化共生ファシリテーター／サポーター」を目指して学ぶ体制になりました〔さらに2020年度からは法学部法学科と心理学部心理学科も参加〕。

最後に、集中学習支援教室に通ってきてる子どもたちが、一体どういう経験をしているのか、参加した子どもたちの視点からどう評価されたかについて触れます。財団からのリクエストもありまして、本プロジェクトが子どもたちへのアンケート調査を担当するかたちで、集中学習支援教室の効果・評価にかかわるデータを集めて分析しつつあります。子どもたちにはすでに2回の調査にご協力いただきました。そこで今日は、昨年（2018年）の夏期集中学習支援教室でのアンケート調査の結果について、浅川先生からご報告いただくことにしました。どうぞよろしくお願いいたします。

教室でのアンケート調査から―新たな出会いと学びの目標を得た子どもたち

（浅川）　はい、それでは私のほうから、この夏期集中学習支援教室に参加した児童・生徒が、どのような変化をしていったかについて、アンケート調査結果の概要をお話ししてみたいと思います。

まず、学校文化にどの程度馴染んでいるかについてです。授業を熱心に聞いているか尋ねたところ、「そう思う・まあそう思う」が約9割でした。ほとんどの児童・生徒は、熱心に聞いていると答えています。また、先生の言うことを聞いて守っていますかと尋ねても、「そう思う・まあそう思う」が約９割でした。したがって、先生の話は熱心に聞くし、先生の言うことも聞くし、学校に馴染もうとしているという姿がうかがえます。

調査は、初日に行いまして、また最終日にも同じ児童・生徒を対象として行い、学習支援教室に参加する中でどのような変化が起きているか検討することができるように設計しております。まだ夏期集中学習支援教室１回分の調査なので、それほど大きな差はないですが、まず初日の結果をみていただきます。

まず進学希望の結果です。大学まで行きたいと答えた児童・生徒は19人で、全体の約６割でした。次に、「大学を出ないといい仕事に就けない」という意見についてどう思うかを尋ねたところ、「そう思う・まあそう思う」合わせて約７割でした。「大学を出ないといい仕事に就けない」と約７割の児童・生徒が認識しているものの、大学まで進学を希望する児童・生徒は約６割と、やや少ないという結果でした。大学進学の必要性はわかるけれども、現実には難しいのではないかと考えている児童・生徒も少なからず存在するようです。

次に、精神的にどの程度安定しているのかを測定する設問についての結果を、ご紹介します。「逃げ出したいような気がする」という項目については、「いつもそうだった・時々そうだった」と回答した児童・生徒が約６割でした。「ひとりぼっちの気がする」という項目については、「いつもそうだった・ときどきそうだった」合わせると45％程度でした。先ほどお話ししたように、学校文化に馴染もうとしているものの、「逃げ出したくなるような」気持ちとなったり、「ひとりぼっち」な気になったりしている児童・生徒が少なくないことがわかります。

ここまでは、初日の調査結果でした。次に、最終日の調査結果についてお話しします。「逃げ出したいような気がする」という項目については、「いつもそうだった・ときどきそうだった」と回答した児童・生徒が48.0％でした。初日の約60％から10ポイント程度割合が下がりました。また「ひとりぼっちの気がする」という項目については、「ときどきそうだった」と回答した児童・生徒が40％でしたが、「いつもそうだった」と回答した児童・生徒はいませんでした。集中学習支援教室に参加することによって、「逃げ出したいような気がする」児童・生徒の割合が下がり、常に孤独感を味わっている児童・生徒はいなくなるといった効果がみられました。

最後に、自由記述の結果についてお話しいたします。それぞれの記述について無回答を除く全ての記述（29ケース）を対象としてアフターコーディングを試みました。「理科」「社会」「国語」「数学」「英語」のように具体的に教科名を挙げた記述には「教科」というコードを付与し、「不登校でおくれた分をとりもどしたい」「自分が入りたい大学に入るために一生懸命に勉強したい」「とにかく社会人として、最低限のことはできるようにしたい」といった記述に対しては、「目標」というコードを付与しました。1名分の記述の中に「教科」と「目標」の両方のコードが振られることもあるので、コードは複数回答となります。これらのコードについて集計した結果、「教科」は23ケース、「目標」は11ケースでした。すなわち、「理科」「社会」「国語」「数学」「英語」のように、勉強で頑張りたい教科を答えるケースがほとんどであったことがわかります。初日の段階で、自らの学習について目標設定がなされていたのは約1/3程度でありました。

一方、最終日の結果についてみると、「教科」は11ケース、「目標」は12ケースでした。自らの学習について目標設定がみられる記述が、回答者の半数を占めるようになりました。「つうやくしゃになりたいので英語や日本語などの言語をもっと勉強したい」「毎日コツコツやるようにしたい」「将来自分の道が多くなるように、たくさん勉強したい」といった自分なりの目標設定が垣間見られる記述が増加しました。

集中学習支援教室で楽しかったことについても、自由記述で尋ねました。その結果、先ほどの矢崎さんのご発表の中でも触れられていましたが、だいたい4種類ぐらいに分類できそうです。アフターコーディングした結果、付与したコードは、「教育機能」「大学生との触れ合い」「ネットワーキング機能」「その他の楽しみ」の4種類でした。「教育機能」として分類された記述は、「先生たちとしゃべることができて、自分の意見をいいやすくなった」「先生たちから色々な学習方法とかを聞けてよかった」「勉強する意味がわかり、少し勉強が好きになったことが嬉しかった」などです。「大学生との触れ合い」として分類された記述は、「大学生と色々なお話をしてもっと大学のことを知れた」です。「ネットワーキング機能」として分類された記述は、「友達とおしゃべりしたり、あそんだりして楽しかった」「自分と同じ宗教の人とかとお話ししたりすること」「学校では会えない友達に会えること」などです。「その他の楽しみ」として分類された記述は、「ワークなどの終わりが見えた時など」「すべて楽しかったです」などでした。

コードを集計した結果、教育機能：13ケース、大学生との触れ合い：2ケース、ネットワーキング機能：11ケース、その他の楽しみ：5ケースであり、学習支援室が持つ教育機能を評価する記述が多く、それとほぼ同程度、ネットワーキング機能を評価する記述も多かったです。

逆に、集中学習支援教室で嫌だったことについても記入していただきました。これについては、「特にない」という記述が大半でした。ただし、2名からは「駅からちょっと遠すぎた」「家からの距離が遠く、行きにくい」「お金がかかる」という意見も寄せられました。

最後に、「進学意向および将来の仕事に対する考えが変わりましたか」と尋ね、自由記述で回答していただきました。その結果、付与したコードは、「深化した」「継続」「変化なし」でした。「とにかく今はやるべきことを頑張り、たくさん悩んで進路を決めることがいいと分かりました」「大学で勉強しているので、大学ってこんな感じなんだ、て分かりました」「考えが変わったというより、自分が何をしたいのかが明確になった」といった記述は「深化した」とコードしました。「変わらなかった」「とくにない」「わからない」という記述は「変化なし」としてコードしました。「私の考えや意志は変わることありません」「変わってません！ずっとつうやくしゃになりたいと思いました！」などの記述は「継続」とコードしました。

コードを集計した結果、深化した：10ケース、継続：4ケース、変化なし：10ケースでした。進学意向や将来の仕事に対する考えが深まった、あるいは維持できているというケースが14ケースと半数以上を占めていたものの、変化なし・わからないというケースも10ケースと少なくはありませんでした。

最後に、これまでの分析結果から得られた知見をまとめさせていただきます。

(1) 本教室に参加した児童・生徒の多くは、学校文化に対して自己評価としては、従順であり、馴染もうとしていると評価しています。しかしながら実態として、学校文化に馴染めず困難を抱えているものが2割程度存在していることが示されました。

(2)「大学を出ないとよい仕事に就けない」という意見を肯定する児童・

生徒が７割程度存在するものの、大学までの進学を希望しているものは６割弱でした。大学進学すべきとは考えるもののそれは難しいと考えている児童・生徒が１割程度存在しているようです。また、将来に対して不安を感じている児童・生徒は７割弱存在していました。難民小中学生の学習を支援し、人生を切り開く知力・能力を磨くための支援の必要性が示されたと思います。

(3) 集中学習支援教室に通うことによって、友人数が値として増加したわけではありません。しかしながら、「自分と同じ宗教の人とかとお話ししたりすること」「学校では会えない友達にあえること」を、集中学習支援教室で楽しかったこととして挙げた児童・生徒が多かったことから、集中学習支援教室がもつネットワーキング機能も重要であることが示されたと思います。

(4) 勉強で頑張りたいことを自由記述によって尋ねたところ、初日調査と比べて最終日調査では、自分なりの目標設定が垣間見られる記述が増加していました。このことから、集中学習支援教室に参加することによって、学習の目標設定ができるようになった児童・生徒が増加したことが示されたと思います。

浅川の報告は以上です。

子どもたちの居場所としての学習支援教室

(野沢)　ありがとうございます。これは第１回の調査結果にすぎません。今のところ協力してくれた子どもたちの数も少ないし、はっきりした傾向を読み取るのは難しいのですが、これを継続し、次の夏、さらにその先へと継続して、参加する子どもたちの変化を追いかけていく予定です。

浅川先生の報告の最後に挙げていただいた、集中学習支援教室の「ネットワーク機能」の部分は、矢崎さんのお話にもあったように、確かに予想外ではあります。しかし、私も教室にときどき顔を出したりして、子どもたちの様子を見ていて感じていたことでした。

最初の年の夏休みに柳井正財団を子どもたちや先生方と一緒に訪問した際に、子どもたちが作文を読んだりしました。当時中学生だった女子が「夏休み終わってこの教室にもう来られなくなることが悲しい。学校に戻りたくない」と朗読し、涙を流したことを覚えています。その涙が、単なるリップサービスではないこと裏づけていました。同時に、彼女にとって学校が居心地の悪い場所であることがわかりました。学校での難民の立場の外国出身生徒は自分１人だけという状況に比べて、この教室には同じような状況にある子どもたちだけが集まってます。勉強する場所という点では学校と同じですが、子どもたちにとっての居場所という意味ではずいぶん違うのだと改めて気づかされました。

東京の都心にある白金キャンパスは交通の便もよいので、かなり広い地理的範囲から子どもたちが集まってきます。逆に言えば、子どもたちはそれぞれの地域ではきわめて少数派の立場にあり、孤独な状況に置かれていると想像できます。先ほど、調査結果の中に表れた孤独感についても触れられていましたが、長時間かけて白金キャンパスにやってくる意味の一つは、学校とは違って心許せる、同じような立場の子どもたち、それを支援する先生や大学生がいる居場所を得られることですね。つまり子どもたちの「コミュニティ機能」が大きいと思います。そしてさらに勉強にも力が入れられて、学習効果も確認できたら嬉しいわけですが、今後の効果測定の結果に注目していきたいです。

協働のゆくえと今後の課題

矢崎さんには、今後の課題を挙げていただいたのですが、大学として対応可能な課題はありませんか。これまでもご意見をいただきながら、できる範囲で変えてきたつもりですけれども。

一方、私自身は難しい課題を感じている点もあります。例えば、「多文化共生ファシリテーター」認証制度を作って、授業の一環としてボランティア活動に学生を参加させることは、ボランティアの本来の趣旨からすると矛盾しているように見える部分があります。授業の一環だから、単位を取るために参加する学生がいてもよいのか。単位などは関係なく、純粋に自主的に参加したい学生だけを集める方が学習支援のためにはよいのか。そこには矛盾と言うか、ジレンマがあります。同時に、そうやって学生たちに学びの機会を与えるけれども、そこで学んだことを活かしながら活躍できる社会の場へどうつなげるか、導けるのかという課題もあります。それについて、先ほど池上先生のお話をうかがいながら考えていました。矢崎さんは、これからさらにやってみたいことがありますか。

（矢崎）　そうですね。これからやりたいことではないですが、浅川先生を中心にして先ほどの教室の効果測定を実施いただいていることをとても大切に思っています。先ほどの池上先生のお話にもありましたが、子どもたちを長い時間軸の縦の線に沿って、ずっと見ていくことはとても難しいことです。小学生は卒業したらそこで小学校との縁が切れます。次に中学校に行っても卒業すれば中学校との縁が切れてしまいます。でも、1人の子どもの成長はそこで切れてしまうわけではありません。本来ならば親などが子どもの成長を縦にずっと見ていくべきでしょうけれど、外国につながる子どもにとっては、親など成長を見守る大人が限られています。私たちの団体はそこを補う存在なのかなと思っています。

それに加えて、ある一時点での調査結果はよく見ますが、1人の子どもが小学生から中学生、高校生、大学生と成長していく過程を追って調査した結果はあまりないと思います。私たちは統計などの詳しい方法論はわかりませんが、大学が得意とする調査や分析によって子どもの成長を客観的に見せてくれる結果が、5年後、10年後に出てきたら素晴らしいと思っています。やはり大学には大学の、そして私たちの団体のような近所のおばちゃん・お姉ちゃんのような存在にはそれ特有の、異なる得意分野があります。その点に大学との協働の意義があると思っています。

その協働も早3年を過ぎました。この大学の先生方は、私がメールに2～3行の疑問点を書くとそれに対していつもいろいろとお考えを返してくださいます。そのやりとりに膨大な時間とエネルギーを割いていただいています。そして、財団と大学とNPO的な私たちの団体の三者がよいかたちで、何のトラブルもなくこの協働事業をやってこられたこと自体が素晴らしいと思います。大学の皆さんが、どこまで自分たちがやるかを含めて、他の二者の考えを尊重し続けてくださることをありがたく思っています。そのよい関係が続くためには日ごろのコミュニケーションがすごく大事だと、改めて今思っています。それが続けば、また何か新しいことをしましょうという提案につながると思っています。

（野沢）　ありがとうございます。コミュニケーションに膨大な時間とエネルギーを費やしてくださっているのは矢崎さんの方だと常日頃感じています。その先に今後も新しいご提案が待っていると楽しみにしています。

先ほどの報告で、一つ言い忘れたことがあります。さぽうと21との関係の中でいくつもの刺激や情報をいただいていますが、その結果として、明治学院大学で2017年度からUNHCRの難民高等教育プログラムに参加することになりました。UNHCRが推薦する学生を別枠で毎年１名を明治学院大学に受け入れ、授業料免除で奨学金を授与するプログラムです。さらには、ちょうど先週も上映会がありましたが、同じ頃にUNHCR難民映画祭にも明学が参加するという副産物がありました（2019年よりUNHCR WILL2LIVE映画祭に名称変更）。こうした副産物はこれまでの協働の中から私たち大学が学んだことの成果だと思っています。

そのような日常的な情報交換の中で、矢崎さんからのメールの２～３行の中には、「大学はどれぐらいの覚悟をもってこれをやっていますか」という暗黙の質問が含まれている気がすることがあります（笑）。そうした緊張感もありながら、今後もよい関係で学ばせていただけたらと願っています。

お時間がきました。矢崎さん、どうもありがとうございました。

【付記】本章の内容は、2019年６月22日に明治学院大学白金キャンパスで開催されたトークセッションを文章化したものです。ここで紹介されているさぽうと21の学習支援室の状況や内なる国際化プロジェクトの事業説明などは、発表時点のものであることをお断りしておきます。

第４章　トークセッション「内なる国際化プロジェクト」に参加して

安部汐音・村木優里・渡邊裕馬
聞き手：長谷部美佳

（長谷部）　先ほど、学習支援教室の話を矢崎さんがいろいろしてくださっていて、野沢先生のほうからは、支援教室に参加してくださった学生さんを中心に、学生さんのトークセッションというのを実施したいという話をさせていただいておりましたが、そのトークセッションをスタートさせていただきたいと思います。よろしくお願い致します。これから少しディスカッションのサポートをさせていただきます、本学教養教育センターの長谷部と申します。どうぞよろしくお願い致します。

ここで簡単に皆さん、自己紹介というんでしょうか、お名前と、学部、それから、こんな授業を取ってたみたいな、いわゆる、「内なる国際化」の多文化共生のファシリテーターのプログラムに関連する授業を取っている経験がある３人ということですので、それについてちょっとだけ簡単に自己紹介をお願いできればと思います。よろしくお願いします。

（渡邊）　皆さん、こんにちは。社会学部社会学科４年の渡邊裕馬です。授業なんですけども、授業は主にボランティア学だったりとか、先ほどお話があった、ボランティア実践指導であったりとか、あと、元国連職員の新垣修先生がいらっしゃるんですけれども、それに関連した「内なる国際化論」という授業を主に取っていました。はい、簡単ではありますが、以上です。

（長谷部）　ありがとうございます。では村木さん、お願いします。

（村木）　はい、えーと、社会学部社会福祉学科２年の村木優里です。授業的には高桑先生の実施されてるグローバルシチズンシップの入門と、今年、各論のほうを取らせていただいてます。「内なる国際化」については、入学式のときに、その制度自体を説明されてたんですけど、その授業が一体何なのかっていうのはまだよくわかってなくて、授業を取ってみたらそれだったっていう。

（長谷部）　そうですよね。

（村木）　です。よろしくお願いします。

（長谷部）　はい、よろしくお願いします。じゃあ安部さん、お願いします。

（安部）　国際学部国際学科2年の安部です。私は去年、高桑先生のグローバルシチズンシップの入門と各論を履修していて、今年は文化系の異文化コミュニケーションであったりとか、比較文化であったり、そういう文化系の授業を履修しています。

（長谷部）　はい、ありがとうございます。今お3人、1人は4年生、2人が2年生という感じなんですね。渡邊さんが社会学部社会学科、村木さんが社会学部社会福祉学科、で、安部さんが国際学部ということで、全然、バラけた学部ですね。お2人は社会学部ですけれども。この「内なる国際化」プロジェクトというのは、教養教育センターと社会学部の、2つの学部というか、1つのセンターと1つの学部で、連携して始めたものだったんですが、ちょっとこれからはもうちょっと全学的に展開していこうというのを目指しています。そういう意味では国際学部の方も、これから参加してくださるということで、もうちょっと広がりのあるプロジェクトにしていこうというのが狙いだったんです。その意味では、いろんな学生さんが、いろんな角度から授業を取れていくというような形にしていこうというところで、このお3方に集まっていただいています。

授業はそれぞれ受けていただいていらっしゃるんですけれども、先ほど矢崎さんと野沢先生のお2人でお話してくださった学習支援教室に、具体的に参加して、なおかつですね、多文化共生ファシリテーターの認証まで受けたというのは、実は渡邊さんということなので、そのことについてまず、渡邊さんから少し経験談をお話いただこうと思ってます。渡邊さんは、実はこの、「内なる国際化」プロジェクトっていうの、なんと入学前から知っていたという、非常に稀有（けう）な、何ていうんでしょう、「内なる国際化」プロジェクトの申し子のような学生さんです。で、それで入学前から知っていて、わざわざ明治学院に入っていただきまして、それで本当にこの「内なる国際化」のプロジェクトの授業に参加していただいて、ファシリテーターにもなっていただいたという経緯があります。なおかつ学習支援教室にも行ってくださったという、ほんとにこのプロジェクトの王道をまい進した4年生ということです。まずは渡邊さんのほうから、いろいろお話をしていきたいと思うんですが。入学前に、こんなことに何で関心があったのかというのを、確か地域のお話からだったんですよね。その関心に関して少しお話いただけますでしょうか。

（渡邊）　えーと、稀有な学生ということで。私、もともと出身が新潟で、地方出身なんですね。それで、父が自営業で建設業を営んでおりまして、外国人労働者の方を何名か雇ってたっていう経緯があって。それでもともと外国人の、外部の技術を持つ方とのつながりがあって、違和感がなかったんですね。それでもやはり、新潟、ずっと暮らしてきて新潟の沼垂という地方がありまして、そこがもともとは今の渋谷みたいな、新潟の渋谷っていわれてたんですけれども、そこがもう2000年以降はもうほんとにすたれてしまっていて、シャッター街になっている。そういった現状を目の当たりにして、地方創生というところで、携わっていきたいというところから、社会学部に目を向けて、なおかつ社会学部の中で、「内なる国際化」、明治学院のこのカリキュラムを見つけて、明治学院に入学するといった経緯です。

（長谷部）　ここあんまり膨らましちゃうと、時間がないので、ほんと、ごめんなさい。授業で関心のあったという、先ほどボランティア学と、あと、国連の方がやってらした、授業が非常に心に残っているということをおっしゃっていただいたんですけど、どういう授業で、どういうところでインパクトがあったかというのを、ちょっとお教えいただけますでしょうか。

（渡邊）　そうですね、実は国連の方が教えていただいてた、内なる国際化論というのは、自分が2年生の初期の授業でして、今から2年前になってしまうので、なるべくその記憶が新しいほうの、ボランティア学をお話をしたいんですけれども。ボランティア学の授業なんですけど、主に、そうですね、在日の方々の調査であったりとか、それこそ、先ほど話したような外国人労働者、入管法改正に伴う外国人労働者に関する調査を、私の場合は商工会議所のほうに調査に行きまして、直接、入管法改正に携わった方お二人からヒアリングを行って、自分の専門分析、調査したいことを突き詰めていったという経緯があります。最後の、ちょっと話さないほうがいいかも。

（長谷部）　最後まで話さないほうがいいですよね。また後で。授業については、じゃあお2人にも先に、せっかく来ていただいたのでお話もしていただこうかなと思うんですけど。ボランティア学、あの、在日コリアンの方に会うことができたっていうところが、印象的だったっていうようなことをおっしゃってたような気がしたんですけれども。あの、どんな方で、どんなところがインパクトがあったか、そこだけちょっと一言お願いできますか。

（渡邊）　はい。ほんとに日本の方と見た目、しゃべり方、話す内容であったり、全く大差ないですね。なんですけれども、話をよくよく聞いてみると、バックグラウンドも全く違くて、日本に対して抱く感情であったりとか、直接ディスカッションする機会っていうものを授業の中で設けたことによって、より理解が深まったのかなというふうに思います。

（長谷部）　はい、ありがとうございます。村木さん、村木さんは社会福祉学科に今、在籍してらっしゃるということなんですけれども。でも、その村木さん、あの、社会福祉っていうと、普通私たちが持つイメージというのは、例えば障害者のケアをしましょうとか、あるいは高齢者のケアをしましょうというところに関心があるのかなと思うんですが、もうちょっと、外向きのところに関心がおありだということで、どんな授業の、どんなところを一番関心があるのかというのを、一言いただけますか。

（村木）　はい、えっと、一口にその社会福祉っていうワードを聞くと、みんなその障害者ケアとか、高齢者ケアとか、すごい思い付くと思うんですけど。ただ、一番最初に私がこの社会福祉学科に入学して、あのー、誰がしゃべってたか忘れちゃったんですけど、あの、先生が言ってたのが、社会福祉っていうのは世の中をよりよくすることが、全て含めてまとめて社会福祉って言うんだっていうのを教えてもらって。だからつまり、世界をそのままよりよくすることなので、あくまでその、高齢者ケアだったり障害者ケアをしてることだけが社会福祉ではないっていうお話をしていただいて。

　で、それで私がもともとその、高校生のときに短期留学をずっと繰り返してて、結構もう4カ国、5カ国ぐらい行ってたんですけど。それでもともとその異文化交流っていうのがすごく興味があって、ただそれで留学先に行くたびに、その国のいいところはもちろんですけど、問題点、今、何を抱えてるのかっていうのは、あの、留学に行くたびに、それは学んできたので。いざ大学に入って、その社会福祉があくまでその、社会をよりよくするためのことだったら、日本に限らず、他の国の人々の問題を解決するように、こう何か自分たちにできることを行動するっていうことも社会福祉なんだなっていうことを、まあ、あの、授業でわかったので。

　それで今、高桑教授のグローバルシチズンシップも、名前そのもの、グローバルって付いてたから取ったんですけど。それで、そのグローバルシチズンシップも取って、あと今、ゼミに所属してるんですけど、そのゼミが岡教授のゼミで、岡教授の専門が国際福祉とか社会保障なんですけど。なので、国際福祉のほうにちょっと目を向けて、あのー、勉強していきたいなと思ったので、今はその国際福祉のゼミに所属してます。

（長谷部）　はい、ありがとうございます。4カ国ぐらい見てみて、そのいいところと悪いところ、両方見えてきたという話だったんですけど。逆にいうと悪いところで、何かこう印象に残ってて、わざわざ、例えば、福祉に入ったんだけれどもグローバルの問題を追求していきたいと思ったような、きっかけになったような、出来事っていうのはありますか。

（村木）　えっと、一番、高校生のときに衝撃的だったのは、アメリカに短期留学行くことになったんですけど、アメリカには、医療保険の保障制度がないんですよね、アメリカって。なので、もう、けがとか病気したらもう自費で、日本だったら7割くらい負担してくれると思うんですけども、全部、全額負担、個人負担で。でも、アメリカも結構な格差社会なので、あの、絶対にその治療費とか払えない層の方々っていらっしゃると思うんですけど、そういう方にはメディカルケアっていうのが一応行われているんですけれども、ただほんとに、もう死なない程度までにしか回復させてくれないっていう。アメリカってもう私、高校生のときですけども、完全にもうなんかすごい国、みたいな、ほんとにもう、世界の頂点の国みたいなイメージだったんですけど。ただそういうところが、日本にはあるのにアメリカにはないんだっていうのは、結構、衝撃的でした。

（長谷部）　なるほど。そういう意味では、正直言うと、かなり福祉直結の話ですね、それね。はい、ありがとうございます。そういうところから、日本国内のことにも目を向けていこうかなというふうに、今、現状で思っておられて。ごめんなさい、最後一言、あの、高桑先生の授業の中で、あのー、技能実習生の映像を見たりとか、あるいは夜間中学の映像を見たりとかっていうことがあったということだったんですけれども。そこで何か、印象になったことっていうのか、そういうものは何かあったでしょうか。

（村木）　はい、えっと、そうですね。まず一番最初の感想として、衝撃的っていうのが大きかったんです。まずその、外国人労働者がたくさん日本に来てるっていうことも、あんまりもともと知らなくって。それで結局、来て、そんなに結構、あまり労働環境が、外国人労働者にとっての労働環境があんまりよくなくてっていうことを、あの、授業の中でやったんですけど。同じ人間なのに、日本人と外国人でこんなに差があるっていうのも、すごい衝撃的でしたし。あとやっぱりその、やっぱり働いてる中で結構、文化の違いとか、考え方の違いってやっぱりあると思うんですけど、それの中で、やっぱりこう、コミュニケーションの難しさとかがやっぱり発生してしまって、さらにやっぱりその、うまくコミュニケーションを取れないからこそ、またさらに新たに問題が生まれてくるっていう。多文化共生って簡単に言ってはいるんですけど、実際、それはほんとに、ちゃんとやるっていうのは、そこまで簡単な話ではないんだなっていうのが、授業の中でわかりました。

（長谷部）　はい、ありがとうございます。アメリカとかね、いろんなところを見た上で、高桑先生の授業を見て、やっぱりコミュニケーション難しいなとか、あの、世の中をよくするため、社会をよくするのが福祉だっていうところと、どうつなげていくのかっていうのは、実はものすごい難しい問題なのかもしれないなっていうことを感じて、授業を受けているってことですね。ありがとうございます。じゃあ、えーと、安部さんなんですけれども。安部さんは国際学部で国際学科ということなんですけども。まず、授業としてはグローバルシチズンシップの授業を取ってらっしゃるんでしたっけ。

（安部）　昨年履修していました。

（長谷部）　そこで何か、授業の中で感じることとかありますか。

（安部）　もともと、そういう国際的なことには興味があって、それで高桑先生の授業を履修していて、そこで高桑先生の授業は、さまざまな人に来てもらって、講演して、学生と触れ合うみたいなことが多くて、そこで在日コリアンの人と触れ合ったときに、なんか、もっと深く知ってみたいと思って、実際、外、学校とは関係ないところで、あーすフェスタっていうのが開催されてて、そこのちょうど実行委員を募集してる時期だったんで、じゃあ、学校、その授業の中で学んだグローバルな視点とかを、実際、私がそういう世界に飛び込んでみて、自分の目で見てみようってことで、あーすフェスタに参加しました。

（長谷部）　そうですよね、ありがとうございます。あのー、学内で学んだことを、学外の、今回たまたま学習支援教室がっていうことではなくて、地元のあーすフェスタに参加しようというところで実践していこうというふうに思ってくれて行動してるということなんですが。あーすフェスタ、どんなイベントで、どんなことをやったかっていうのを、少しご説明していただいてもいいですか。

（安部）　あーすフェスタは、先月、先々月くらいだったんですけど、それでちょうど20周年を迎えたんですけど。在日コリアンであるとか、そういう方々と、もともとずっと日本、いわゆる日本人みたいな人をつなぐ架け橋みたいになるフェスタで、そこで私は、今年から大学生部会っていう新しい部会ができて、そこに参加して、普段、大学生が授業で学んだこととか、でも実際、大人にはそんな聞けないこととかを、1枚の紙に表して、そこをいろんなところに設置して、来場してくれた大人の人とかに、本音で質問してみるっていう企画をやりました。

（長谷部）　はい、ありがとうございます。ちょっとだけ補足なんですけど、あーすフェスタって、神奈川県のあーすぷらざという施設がありまして、そこで毎年、20年やってるイベントですね。やっぱり多文化共生っていうか、内なる国際化っていうんでしょうか、いわゆる在住の外国人の方と日本の方が接するような機会を設けようということで始まった、非常に歴史のあるイベントでして。例えばお食事が、屋台が出たりとか、あるいはその、いわゆる文化的な踊りがあったり歌があったりというところであるんですが。その中で、大学生が企画をして、いろんなイベントをやっていくというところの企画委員をやってくださったんですね。はい、ありがとうございます。ちなみにその企画委員に、実際に参加して、大学生同士で大学生部会というので、大学生が集まっていろんな企画を考えるときに、企画したものが、大人にいろんな意見を聞いてみるという、部会で企画だったということですね。はい、ありがとうございます。ちなみに、その活動なんですけど、そこでこう、いろんな発見があったというふうに聞いているんですけども、中でどんなところが一番よかったかな、あるいはこういうところが発見されたなというのはありますでしょうか。

（安部）　大学生部会の中にも、私は日本出身で、在籍、国籍も日本なんですけど、中国国籍で今、日本の大学に通ってるっていうさまざまなルーツを持つ人がいて、その中で、ある一つの文章を作るってなると、私はこれでOKだと思って大人にも見せれると思った文章でも、違うルーツの持つ目線から見ると、それは僕たちにとっては、そういう意味では捉えられないみたいな、なんかもっと、いわゆる自分たちが傷ついちゃうように捉えてしまうから、違う文章にしよう、とかいう、そのなんか、私は別にそれ、その、違うルーツの人からでもOKだと思った文章でも、実際にその人の立場からみると、そんなことはない、それはよくないみたいな討論が結構、何個かあって。そこを通して、なんか、授業で学んで、割と広い視野を持って、堂々とあーすフェスタに参加したつもりだったけど、意外とその、自分から動いてみないとわからないことって結構あって、授業も大切だけど、実際、自分がその場に行って学ぶほうのほうが多くて。そういう意味では、あーすフェスタに参加してよかったなって思いました。

（長谷部）　ありがとうございます。あの、あーすフェスタのね、大学生がファシリテーターをして、高校生がディスカッションをするという部会に参加したんですけど。ほんとに和気あいあいと、いろんなバックグラウンドのある子たちが、一言ずついろんなことをやっているというのがよくわかって、その中にいたんだなというふうに思ったんですけれども。

そういう意味では、外に出て、授業の中身が初めてわかるというようなことを言ってくれたんですが、そのあたりはたぶん、次の渡邊さんに、学習支援教室のことをお聞きするということで、膨らませていきたいなというふうに思うんですけれども、学習支援教室、いかがだったでしょうか。この3人の中で学習支援教室に出てるのは、お1人だけということなので、せっかくなんで、支援教室に行ったことのお話とか、そこで学んだこととかがあればお話ください。

（渡邊）　はい。えっと、学習支援教室には、2年前の夏に参加させていただいて、先ほど矢崎さんの話の中でもあったんですが、やっぱり特別扱いのあんばいが難しいというところを、ほんとにもうストンと落ちてきて、自分の中で。その、レベルを合わせるっていうのは、相手に対して失礼になるんじゃないか、自分がレベルを合わせるっていうことは、自分が上に立っているっていうような感覚になるのではないかって、その葛藤が常にあったんですね。で、最初はそういう悩みを抱えながら子どもたちと接して、いろいろ偉そうに授業を教えていた形になったんですけど、最後のほうにもう、終盤ぐらいですね、逆に教えられることのほうが多くて。やっぱりその、学ぶっていうところの楽しさであったりとか、自分たちも今までは、小学生、中学生のときは、学ぶことが当たり前だったけど、それも楽しかったなっていう、いい思い出を思い出させてくれたりとか。大学生になって、あらためて気付くようなことというところを、その学習支援教室で再認したのかなというふうに思います。

（長谷部）　ちなみに学んだことを先に聞いちゃいましたけど、具体的にはどんなお子さんに接して、例えば、年齢的にも、あとはもし、国籍、あるいはバックグラウンドはこういう子だったとかっていうのがあれば、少しご説明いただけますか。

（渡邊）　バックグラウンド、詳細なところはちょっとわからないんですけれども、国籍はほぼほぼミャンマーの子だったのかなというふうに思っていて。私が担当したのは小学生の子どもと、あと中学生。で、日本語の授業を、高校生の学生に。

（長谷部）　いろんな年齢の子に。

（渡邊）　そうですね、多岐にわたって。高校生の日本語を教えた回、３回ぐらいかな、３日間教えたんですけれども。やはりその、日本語でも難しい、日本語を教える日本語ってのはすごく難しいなっていうふうに思っていて。なんかその、自分の日本語力のなさといいますか、伝えることの難しさっていうのは、日本語を教えるっていうことから学んだかなというふうに思います。

（長谷部）　えーと、特に高校生だと、やっぱり大学受験を考えているとか、高校、まあ、小学校、中学校と比べて、高校は全然、難しい。そこの日本語っていうのは相当、なんだろう、自分たちがやってるとこはわかんないですけど、やっぱり教えるとなると難しいなっていうふうに思った感じですかね。

（渡邊）　そうですね。あのー、日本人に教えると、例えば何かこう単語を教えたい場合は、違うアプローチの仕方、違う単語に置き換えて話せるんですけれども、もともとその、日本語の素養がない人っていう対象に対して、教えると、例えばっていう例え話ができない感じですよね。そうなったときに、もう、どう言ったらいいのか、語彙力なのか教養なのかっていったところで、例え方がほんとに難しくて、試行錯誤の繰り返しでした。

（長谷部）　逆に成功した例え方ってありますか。

（渡邊）　そうですね、彼ら野球が好きで、野球に例えて説明した記憶がありますね。それはちょっと鮮明には覚えてないんですけど。彼が好きだったものに例えて、なるべく、卑近な例に例えて説明した記憶はあります。

（長谷部）　あとは、小学校、中学校の子どもたちっていうのは、どんな感じでしたか。学習をサポートしていて、別にそれほど大きな差は感じないか、あるいは、こういうところに難しさがありそうだなって思ったっていうのはありますか。

（渡邊）　そうですね、基本的にみんな大人だなっていうふうに、まず第一印象としては思ったんですけれども、勉強を教える以前に、やっぱり話し掛けてくれるんです、すごく。好きになってくれた子がすごく多くて。その分、その勉強よりもこっちを見ちゃうんですね。隣に座って支援をするんですけど。だんだん仲良くなってくると、こう、横に向き出して、「前向いてね、前向いてね」って。でもそれでもしっかり集中するときには集中するっていう、そのメリハリがしっかり付けられてるからこそ、勉強にも集中できるし、遊ぶときには遊ぶしといったところで、その、先ほどもあったように、学校には行きたくない、ここにずっといたいっていうところは、そういうところにつながってくるのかなというふうに思います。

（長谷部）　ずっと横見ちゃうって、渡邊さんだけを見ちゃうっていうことだったんですね。授業に集中できないと。そういう意味では、今ほんとに、渡邊さんご自身で総括してくださったんですが、居場所だったんだろうなっていうのが、すごく、学習ってほんとに、学習だけで続けられることって、日本人の私たちだって、ないんですよね。例えば、勉強しようと思うときって、ちょっとイケメンの塾の先生がいたほうが、やる気になるみたいなところとかですね。繰り返し来る、インセンティブがあるとかっていうことで、とても大事ですよね。

そういう意味では、そういう子どもたちとの関わりで、すごくこう仲良くなっていって、それがやっぱりご自身に、何て言うんでしょうね、学びになったという感じでよろしかったでしょうか。

（渡邊）　はい、そうです。

（長谷部）　はい、ありがとうございます。ほんとにいくらでも聞いちゃうと大変な時間になってしまうので。せっかくなので、お２人にもそのうち聞いていきますが。実は渡邊さんは４年生ということもあって、当然、これまでの学びが、まずファシリテーターという形になったというところがまず一点なんですが、その後の就職にも大きく結び付いているというお話を聞いていますので、ファシリテーターを取ったところのご苦労か、あるいは楽勝だったよねでも構わないですが。せっかく２人、実はまだファシリテーターを目指すか目指さないか迷ってるみたいな感じの学生さんたちなので、こういうところがファシリテーター、よかったよとか、学びここにあったよとかっていうことを、一言いただきたいのですが、その後、先にそれをまずいただきましょうか。その後に、ちょっと将来的なお話までしていただこうかなと思うので。まず、じゃあ一つ、ファシリテーターについて、何かこう学びがあって、後輩にこういうことを伝えたいとかっていうのをお願いします。

（渡邊）　もしかしたら一緒になっちゃうかもしれないんですけど、ファシリテーターを取得するに当たって、そもそも、授業、単位取得、必須授業というのがいくつかありまして、その中でやはり、ボランティア実践指導、さぽうと 21 さんと一緒にやる授業ももちろんそうなんですけれども、そういった学習をして、内なる国際化の、先ほどお話しした授業というものが、当事者の目線になって考えるといった授業で、目線を自分たちは、他人じゃないんだよという、こういうことが世界で起きている、先ほどの映画もそうですけれども、知識を付けるっていったところで重要な授業になっていました。だんだん、それが２年生、３年、４年になって、自分の視点が変わってきて、そのサステナビリティーというところなのかもしれないですけれども、どうやって私自身が、当事者の目線は大事だ、知識は付けることができた、ではじゃあ、次にどういうふうに自分が行動していくのか、アクションを起こすのかっていったところで、この就職の話につながるんですけれども。

日本能率協会というところで内定をもらいまして、えーと、そうですね、社員研修であったりとか、地方創生であったりとか、社会学的な、社会の問題を解決するような会社なんですけれども。そこで私が今、将来的に目指している、自身のサステナビリティーというところでは、外国人の労働者を支援する、外国人労働者支援士という資格を設けたいなというふうに考えていて、それはもう、今この時点で、会社のほうに話をして、いろいろ進めている段階なんですけれども。それにプラスして、各企業の人事に向けた、外国人労働者の雇用の仕方のセミナーを開催したりだとか、そういった今、知識だったり知見というものを、ミーティングをしながら、新しくつくっていく形です。

で、ファシリテーターを取得する、その取得したからどうというよりも、取得する前の過程で自己形成がされるのかなというふうに思います。ファシリテーターを取得というのはプロセスでしかなくて、そこから自分がどうなるのか、どういうふうに派生していくのか、どういうふうな考えを持つのかっていったところの始まり、スタート地点でしかないと思うので。もし２人、取るのであれば、そこを目指すのではなくて、そこから自分がどうするのか、どういう発展をしたいのかというのを考えれば、次につながるのかなというふうに思います。

（長谷部）　はい、もう教員がやることがなくなるぐらい、立派な最後のコメントを残していただきました。ほんとに、あの、学ぶということそのものに、ファシリテーターを取るということはもちろんなんですけど、そこに至るまでの過程を大事にして、そこをきっかけに将来のことを考えていくというための機会なんだろうというふうに思ってくださって、そもそも、内なる国際化のプロジェクトを、大学に入る前から関心があって、大学に入って勉強をして、それをさらに生かすという、ほんとに絵に描いたような、渡邊さんにお話をいただきました。ありがとうございます。

じゃあ、お２人には、今のところ迷っているというところが、もちろんあるかとは思うんですけれども。もうちょっと例えば、もし、もし、体系的にファシリテーターのことを学ぶとしたら、こんなことをやってみたいなとか、こんなことを学んでみたいな、考えてないよっていうかもしれませんが、あったらお話いただけますか。よろしくお願いします。あるいは、学習支援教室行ってみるのもいいかなと思ったとか、そういうのがあれば。

（村木）　今、学習支援のお話がどう、授業の中で、夜間中学のお話を取り扱ったんですけど、そういうところにも、やっぱり、その、あのー、何だろう、結構、中学校、小学校くらいから日本に来て、だから日本のその基礎となる勉強が全くできてない、日本語の、日本語の基礎の基礎も全然わかってない子どもたちに、勉強を教えるっていうところは、授業でやったんですけど。

個人的なお話なんですけど、私の高校がもともと結構、そういうフィリピンのハーフの子だったりとか、結構、外国の国籍を持ってる子たちが多い高校だったんですけど、その中に１人、あのー、中学校ぐらいまでずっとオランダに住んでて。だから日本の義務教育の半分以上を受けれてない子もいたんです。その子はオランダにいて、オランダって結構、英語とかも発展してるので、英語と数学はできるんですよ。すごい、勉強しなくても100点ぐらい取れるくらいの子だったんですけど。ただ日本語が、しゃべれるけど、文法だったり漢字だったり、その日本語を理解するためのバックグラウンドが全くなかったので、国語だけはどうしても毎回、テストが赤点になっちゃうんですけど、その子だけ。そういう子たちが、彼女が私の身の回りに普通にいたので、夜間中学の、その勉強をしてるときは、ずっと頭の中でその子のことがあって。結局、彼女は今、オランダに戻ってオランダの大学に進学したんですけども。

なので、やっぱり、そういう何か、支援学校みたいなのは、これから先、たくさんいろんな外国人の方が日本に入ってくると思うんですけど、大人はもしかしたら何とかなるかもしれないですけど、子どもたちは、日本に来た以上、日本で暮らしていかなきゃいけないので。ってなると、やっぱり日本の子どもたちと同じだけ、またそれ以上の能力っていうのは求められてきてしまうと思うので、どうしても、生きていく上で。なので、やっぱりその支援、学習支援のシステムだったりとか、夜間中学みたいなシステムっていうのは、本当に今の日本に必要なシステムなんだなっていうのは、今のお話でもそうですし、授業のときにも思いました。はい。

（長谷部）すごい優等生的な発言でありました。ありがとうございます。じゃあ、最後、安部さん一言、お２人に、あの、お２人すごいって思ってるかもしれませんが、そうじゃなくて安部さんの自然なところで、話していただければと思います。

（安部）ファシリテーターで取らないといけない授業がいくつか一覧になってあるんですけど。その中で、私は別にそのファシリテーターとか気にしてないで最初のほう取ってたんですけど、それをちらっと見たときに、結構かぶる授業があって、今、履修してるのがちゃんと取れて、さらに秋学期にも取ろうと思ってた授業が、ファシリテーターで必須の科目に入ってたりしたんで。そのままちゃんと単位が取れれば、一応、もらえるかなっていう状況には、今あって。

学習支援なんですけど、私、明治学院となんか日赤が手をつないでやってる学習支援ってあって、そこに今、所属というか名前を置かせてもらってて。いわゆる、同じ感じなんですけど、なかなか学校に付いていけない子たちが、放課後であったりとか土日にそこにやってきて、ボランティアの人と一緒に、もっと仲良くなれるような、心開いてくれるようなことをやろう、みたいないうのに、今、参加して、いろいろちょっと企画をしています。

（長谷部）　企画はすっかりあれですね、あーすフェスタでもう、実践訓練を積んだんで、これからはどんどん実行していこうみたいな感じになってる感じですか。

（安部）　それもあります。

（長谷部）　はい、ありがとうございます。もともと30分の予定だったんですけれども、ほんとはまだまだ私が聞きたいことはたくさんあるんですけれども。とりあえず、いったんここで、皆さんにはほんとに、授業の中で学んだこととか、あるいはほんとに、これまでの、どういうふうに考えてきたかというようなことまで、みんなの前でご報告してくださいまして、ありがとうございました。最後、高桑先生のお話に移らせていただきたいと思います。ほんとに3人の皆さん、長いこと打ち合わせをしていただいたりとか、お話を聞かせていただいたりして、ありがとうございました。もう一度、大きな拍手でお送りください。ありがとうございます。

第５章　「多文化共生社会」から「持続可能な多文化共生社会」へ

高桑光徳

明治学院大学教養教育センターの高桑です。本日は、午前の部の『女を修理する男』の映画上映会および華井和代先生によるトークイベントからいらしてくださっている方もいて、長時間お付き合いいただき、まことに有難うございます。私自身もちょっとドキドキしながら、本学の学生たちの素晴らしい発表も聞けて、とても今、幸せな気分でいます。

今日、話をさせていただく内容ですが、「内なる国際化」のプロジェクトそのものについては、もう矢崎さんと野沢さん、および浅川さんのトークセッション、それから本学の学生による現場の声で、だいぶイメージをつかんでいただけたのではないかと思います。したがって、個人的には、今日はせっかく池上先生にもお越しいただいていますし、プロジェクト誕生の前といいますか、そのあたりを、池上先生への感謝の気持ちも込めながら話をできればと考えています。その後、今回のシンポジウムのテーマでもありますが、多文化共生社会を持続可能な社会という観点からもう一度捉え直してみたらどうかということで、SDGsとの関連の話、そして最終的には、持続可能な多文化共生社会というところに話を持っていければと思っています。割と駆け足になるかと思いますが、どうぞご了承ください。

1　「内なる国際化」プロジェクト誕生まで

ということで、まず、プロジェクトの誕生までの話をしたいと思います。今日は、わがままを申し上げますが、「高桑目線」といいますか、「私」が何を見ていたのか、私の目には何が映っていたのか、という話をさせていただきたいと思います。若干、資料を準備してあります。一応拡大はしましたが、もし見にくければお手元の資料をご覧ください。

ご存じのように1990年に入管法の改正があって、その後、先ほど池上先生のお話にも出てきましたが、在留外国人の推移が急激な増加となりました。私自身が「86生」、つまり大学入学が1986年なので、ちょうど大学を卒業した頃です。その後、東日本大震災の後に若干は減っていますが、基本的には在留外国人数はかなり増えてきている。私は1967年生まれなのですが、生まれてから大学卒業ぐらいまでの在留外国人数の変化と比べると、ものすごい違いがあります。

さて、「私」に何が見えていたのかという話です。私が本学に着任したのは2002年です。大学・大学院を卒業して、留学もしていたのですが、日本に帰ってきて、本学に着任をした時点でも、「私」に見えていたものは、在留外国人といえば韓国・朝鮮の人たちがほとんどという世界です。在留外国人数で、中国が韓国・朝鮮を逆転する前ですね。私にとって、やっぱり小さいころからの認識というのは、外国につながる方というと韓国・朝鮮の人というイメージでした。

私はもともとの研究領域からいえば応用言語学者ですので、2002年の本学着任後は、それこそ本学の言語教育の方に全エネルギーを自分なりに注いでいました。ところが、その間に、実はものすごく大きな社会変化があったことに私自身が気付いていなかった。つまり、上述の在留外国人数における中国と韓国・朝鮮の入れ替わりや、ブラジル人の増加などが、当時の私には見えてなかったのです。今でも反省しているのですが、本学に着任し、なんとか言語教育の分野で頑張らなければと思っている間に、世の中がこんなに変わってしまったということを、自分自身が知らなかったのです。

たまたまご縁があって、龍谷大学のアフラシア多文化社会研究センターでのプロジェクトに、そのプロジェクトとしてはフェーズ2にあたる2011年から2013年まで参加をさせていただきました。これまでの応用言語学者としての自分の興味関心よりはもっと幅広く研究をする機会を得て、いろんな文献を読んでいく中で、たまたま、安田浩一さんの本、それから陳天璽さんの本を読む機会があったんですね。これはもう、私にはあまりにも衝撃的な内容でした。あまりに衝撃的だったので、今でも自分のクラスの学生には推薦しています。安田浩一さんの『差別と貧困の外国人労働者』、これは2010年の発行です。それから陳天璽さんの『無国籍』ですね、こちらは残念ながらもう新品は買えなさそうです。文庫版になったのが2011年頃で、出版されたのはちょっと前なのですが、安田さんの本とだいたい同じ頃の本です。今日はこの『無国籍』の話はできませんけれども、急に国籍がなくなるという、私にとっては衝撃的な話でした。

さて、今、申し上げた安田浩一さんの本に出てきますが、特に、技能実習生の話ですね、あるいは日系ブラジル人労働者の話ですけれども、現代の日本、その当時 2000 年代にもう既に入っていましたが、強制労働だとか、人身売買が行われていることに、私は本当に衝撃を受けました。衝撃を受けて、自分が今までやってきたこと、それから見てきたものと、現実があまりにも違うということに気が付いたんですね。気が付いて、どうしたら良いのかと思ったときに、先ほどの安田さんの本には、日系ブラジル人の話がたくさん出てくるので、もしかしたら、浜松に行けば何とかなるかもしれないと思いました。

ここが実は、私にとっての池上先生との出会いにつながります。もう７年くらい前ですかね。ちょうど、先ほど池上先生のご紹介にありましたけれども、2012 年７月 21 日に開催された「多文化子ども教育フォーラム」の第２回目に私が初めて参加をさせていただいて、その後も可能なかぎり参加をしていました。で、そのときに、浜松駅近くのソフトバンクの看板のところにですね、ブラジルの国旗が付いていた。池上先生にとっては見慣れた光景でしょうけれど、当時の私は、ものすごい衝撃を受けたんですね。いや、こんなふうになっているんだと。さらにですね、何かを知らせる表記にも、今でいうやさしい日本語が普通に使われていた。そして、さらにですね、やさしい日本語プラス多言語表記もあった。こういうものに、普通に街を歩いていると出くわすというのは、かなり衝撃的でした。

ちなみに、この 2012 年７月というのは、たぶんご存じの方も多いと思いますけれども、ちょうど在留管理制度が変わったころです。

この時点で衝撃を受けて、その後、何度か池上先生のところに通いながら、いろいろと教えていただいて、勉強しながらという流れで、内なる国際化のプロジェクトを立ち上げたのが 2015 年です。2012 年に在留管理制度が変わり、在留外国人統計ではもともと「韓国・朝鮮」でデータを取っていたのが、韓国と朝鮮を分けたので少しグラフに切れ目がありますが、2015 年にはブラジル人の数も減少していて、それ以外の国の人たちの数がだんだん増加してきたころです。まさにこの頃、内なる国際化のプロジェクトを立ち上げました。したがって、以上がプロジェクトを立ち上げる前の、私なりの答え探しの日々ということになります。

2 「内なる国際化」プロジェクトとSDGs

さて、内なる国際化のプロジェクトと関連して、私としてはSDGsのことも考えたいと思っています。ちょっと今日はSDGsそのものについては細かく話ができませんけれども、そのあたりの関連についての話をしたいと思っています。内なる国際化プログラムの認証システムについて簡単に説明をしますと、学生が選択授業として12単位を取ると、「サポーター」として大学から認証されます。それに加えて実践指導の単位を取ると、「ファシリテーター」に認証されます。その際に、当初は、大学の外側にさぽうと２１と柳井財団があって、三位一体で集中学習支援教室を運営し、そこに本学の学生がお手伝いに行かせていただいて、実践指導としての4単位を取るという仕組みでした。

内なる国際化プロジェクトを立ち上げたときには、国連としては、まだSDGsではなく、MDGsという違う概念を提唱していました。2015年秋にSDGsが発表され、その中の「目標4」と内なる国際化プロジェクトは当然関係はあるだろうというのは意識をしていました。「目標4」は、「すべての人に包摂的かつ公正な質の高い教育を確保し、生涯学習の機会を促進する」というものです。

それ以外の目標については、実は私もあまりよくわかっていなかったのですが、昨年、タイから本学への訪問団があり、そのときに、内なる国際化プロジェクトを「目標17」から捉え直して欲しいという依頼がありました。そのときに、「目標17」との関連は何だろうと考えてみました。「目標17」は、「持続可能な開発のための実施手段を強化し、グローバル・パートナーシップを活性化する」とあります。それまで、この目標は意識をしていなかったので、自分なりに考えてみました。

その結果、内なる国際化プロジェクトは、「目標4」とは直接的な関連があるのに対して、「目標17」とは間接的な関係があることに気づきました。つまり、さぽうと２１と柳井財団との連携があり、そこに「一緒にやりましょう」ということで私たちも参加をして、パートナーシップができ上がった訳ですが、パートナーシップを築くことが目標ではなく、このパートナーシップをつなぐことで、結果的には「目標4」、つまり質の高い教育をどうやって実現していくのかということに三者が同じ関心を持っていたということだと思います。「目標17」とのつながりというのは、そのつながりを経由しながら、やはり「目標4」を目指していたのではないか、というのが私なりの解釈です。

このように考えていくと、内なる国際化プロジェクトだけでなく、それ以外の試みも含めて、もっと広くSDGsと関連させることができるのではないか、というのが今の私の考えです。

例えば、今日の午前の部からいてくださった方には特におわかりいただけると思いますけれども、やっぱり「目標16」の平和の問題もそうですし、「目標1」の貧困の問題ももちろんそうですし、あるいは、「目標12」の「つくる責任つかう責任」、それから「目標5」の「人や国の不平等をなくそう」など、いろいろなことが関わってくるのだろうと思います。

3 「多文化共生社会」から「持続可能な多文化共生社会」へ

それでは、内なる国際化プロジェクトの「今後」というか「その後」についてですが、今から私なりの考えを話したいと思います。もちろん、これは、個人的な考えですので、プロジェクトとしての公式な見通しや構想ではないことをあらかじめお断りしておきます。先ほども申し上げましたように、今日の午前中に、『女を修理する男』の映画上映会および華井和代先生によるトークイベントを開催し、華井先生のお話を伺いました。あの映画を見て、ムクウェゲ氏の活動を知って、大変な映画、言葉で表現できないような映画であるということは、ご覧になった方はたぶん同意をしてくださると思います。ただ、大変な映画だと感じるだけでなく、大事なことは、実は私たちと無関係ではない、という意識をもつことです。私たちが100%その責任を負っているとはもちろん言いませんけれども、私たちと実は無関係ではない。それは例えば、華井先生がおっしゃっていましたけれども、私も今日使っていますが、スマートホンやコンピューターといった電子機器を使うこと、さらにそれらを頻繁に買い換えることで、紛争鉱物の需要が高まっていきます。実は私たちも、直接的というのはさすがに言い過ぎかもしれませんが、割とそれに近いところで、遠因くらいにはなっているだろうということがおわかりいただけるかと思います。このあたりは、アジア太平洋資料センター（PARC）の制作による『スマホの真実』という映画をご覧いただくと、つながりがよくわかると思います。

このように考えていったときに、例えば紛争地域の性暴力はとてもひどい、誰がどう見てもひどいわけです。ひどいから、「じゃあ、私たちはスマホをやめましょう」ということが果たして現実的なのだろうか、ということを改めて考える必要があります。つまり、因果関係があると思われるときに、「じゃあ、あれを防ぐために、これをやめましょう」といって、私たちがそれを実行できるのでしょうか。あるいは、これもわかりやすい例ですが、カカオ農園での児童労働に反対なので、「じゃあ、原因となっているカカオを採らないようにするために、チョコレートをやめましょう」というのが果たして現実的なのか。また、今、かなり話題になっていますが、マイクロプラスチックによる海洋汚染を防ぐ必要があるので、「プラスチックの使用をやめましょう」という声もあります。果たして、こうしたことが現実的なのか、ということです。

これと同じ悩みということでいくと、私自身、現代日本における強制労働や人身売買の実態に衝撃を受けたひとりです。ひとりではありますが、だからといって、それは外国人技能実習生の制度の問題だけではないだろうと思ってます。この制度によって、こうした問題が起こっているのは事実なのですが、でもこの制度がないと廃業に追い込まれるかもしれないまっとうな中小企業や零細企業もあるわけです。だから、「あれをやめるために、これをやめましょう」というような短絡的な解決方法の提案が、果たして現実的なのだろうかということは、やっぱり考えていきたい。

そうなると、何度も言いますけども、やっぱりSDGsの色々な目標を考える中で、何かが駄目だからこれをやめましょうというのは簡単なのですが、でもそれはそれで、全体を考えた場合には必ずしも有効な解決策につながるとは限らない、ということは意識する必要があるだろうと思っています。

では、どうすればよいのかということになるのですが、これはもちろんなかなか難しい問題です。ただ、先ほども言いましたように、「これをすればあれは直るよね、なくなるよね」というような単純な図式では、多方面にわたる問題を総合的に解決することは困難なので、やはり現実的な「最大公約数」をみんなで考えていく必要があるだろうと思います。そのためには、多文化共生についても、多文化共生という響きはいいですけど、なかなか難しい問題だということは、たぶんここにいらしてる多くの方が実感されていることと思います。多文化共生社会の実現にも、やはり持続可能性ということを考える必要があるのではないでしょうか。そうなると、SDGsの様々な目標に対応するために、やはり大学としても、自分たちが今まで学んできたような学問だけではなくて、学際的なアプローチがますます必要になるのではないかと思っています。また、学部内の連携もすごく大事ですけど、学部間の連携、さらには、学部レベルを越えて、今日、池上先生からプラットフォームのお話がありましたが、大学間の連携をしていかないと、なかなか解決はできない、解決に向かうことはできないのではないか、というふうに考えています。

ということで、最後に再びSDGsに言及したいと思います。本日話した「目標4」ですが、私たちはこの目標に取り組んでいます。ただ、持続可能な社会を考える場合には、他の目標も当然重要です。ひとつひとつの目標に取り組むことはもちろん大事なのですが、他の目標も達成されなければ、本当の意味での持続可能な社会は実現できません。そういう意味では、やはり全体的な目標を考える中で、各目標を考えていくということが肝要だと思います。したがって、最終的には最大公約数を見つけながら、どこでバランスを取っていくのかということを考える必要があるのではないかと思っています。

ちょっとバタバタしていましたが、以上で私の発表を終わりたいと思います。有難うございました。

あとがき

教学支援制度タイプＣの助成を受けた「『内なる国際化』に対応した人材の育成」として2015年度から展開してきたプロジェクトは、当初の３年間の計画を終了し、その後の学長プロジェクトとしての２年間を終えた。2020年度も学長プロジェクトとして継続しながら、今後の展開を練る段階にさしかかっている。これまでの５年間を振り返ると、多文化共生という社会的課題が日本社会においてもますます重要になる時期と重なっていることがよくわかる。

内なる国際化とは、日常生活レベルでの外国人住民との共生に対応することを広く意味する言葉である[1)]。1980年代後半、アジアや南米出身のニューカマーの外国人住民が急増した時期に、在日韓国・朝鮮人等のオールドカマーに対する差別が依然として存在すること、外国人住民が社会保障や教育制度の適用外に置かれる問題が改めて取り上げられ、地域で暮らすあらゆる外国人住民の問題に取り組むために、姉妹都市との交流等を意味する国際交流とは異なる次元の国際化を表すために用いられるようになった[2)]。国際的な問題に関心のある教職員や学生が伝統的に多い明治学院大学では、外国人との共生という意味での「内なる国際化」はすでに研究教育においても学生支援においてもあちこちで取り組まれていた。そのため、2015年にこのプロジェクトが発足した時には特に新しい課題とは認識されていなかったかもしれない。けれどもプロジェクトが進行する５年間を経て、日本社会の抱える課題がより複雑になっていることが明らかになってきたのではないかと思う。難民問題や人権問題、人の移動とグローバリゼーション、やさしい日本語等について専門的に学び、外国につながる小中高校生と交流し、学内外のイベントに参加して先進的な活動を担ってきた大人たちの話に耳を傾け、シンポジウムを企画運営するなど、多文化共生社会という言葉の背後にある重層的な問題を理解する学生も確実に増えている。

５年前、プロジェクト発足時は、プロジェクトに関わる教員たちが内なる国際化の現実を学んでいくところから始まった。その後、偶然の出会いにより社会福祉法人さぽうと21、そして柳井正財団（現ファーストリテイリング財団）とつながることで、大学の教室を活用した長期休暇中の集中学習支援教室が実現した。この集中学習支援教室については、第３章にあるとおり、外国につながる小中高生にとって、勉強に適した環境があるということ、大学生を身近に感じる機会となること、同じような立場の子どもたちが一緒に勉強をする居心地のよい場なること、といった良い点があることがわかった。集中学習支援教室に支援する側として関わる学生たちにとっては、日本語が十分には分からない子どもたちが学習することも困難さを目の当たりにすること、多様な生活環境におかれた子どもたちを通して社会を知ること、支援することの難しさを知りもっと学ぶ必要があると気付くこと、関わりの難しさを通して関わる楽しさを知ることといった学びがあることもわかった。

また集中学習支援教室に通う子どもたちが、教室に通う前と後でどのような変化したのかについてのアンケート調査を実施してきた。第3章で報告されているとおり、2018年度の夏の教室に参加した児童・生徒約30名について、学校文化に馴染めず困難を抱えている児童・生徒が全体の約2割程度存在していること、将来に対して不安を感じている児童・生徒が全体の約7割存在していること、教室に通うことで学校では会えない友達に会えること、学習を通して達成したい目標をもつ児童・生徒が増加したことがわかった。その後、2018年度の夏の教室、2018年度の春の教室、2019年度の夏の教室の3回にわたり同種のアンケート調査を実施した。3回のアンケート調査を比較してわかったのは、第一に進学希望に関して大学までと回答した児童・生徒の割合は、教室の開始前と開始後で必ずしも増加するわけではなく、ほとんど差が見られないということだった。第二に、将来に対する意見について、大学を出ないと良い仕事に就けないと考える児童・生徒の割合についても、教室に通う前と後で、必ずしもそのように考える人が増えるわけではないことがわかった。ただし第三に、心理的健康状態について尋ねた項目（「一人ぼっちの気がする」という問いに「いつも」あるいは「ときどき」と答えた人の割合）については、2018年度夏、2018年度春、2019年度夏の3回の調査すべてで同じように減少する傾向が見られた[3)]。

このように「内なる国際化」プロジェクトのもつ広がりは、多くの人を巻き込んで、作用し始めている。

今後のプロジェクトのあり方を考えると、少なくとも次の二つの点が特に重要になると考えられる。

第一に、教育プログラムである。多文化共生サポーター、多文化共生ファシリテーターの認証につながる学びは、学生たちにとって新たな知見をもたらす機会となっている。教育プログラムを通して得る知識と技能は、それぞれの学部学科の専門性とともに、学生の将来をかたちづくることになる。

第二に、大学の役割である。明治学院大学にはすでに多くの外国につながる学生が学んでいる。文学部英文学科と国際学部国際キャリア学科では、外国につながる生徒対象とする入試が行われてきた。2018年度入試からUNHCR難民高等教育プログラムにも参加している。このような学生たちが改めて多文化共生に関する課題を客観的に学び、適性に合わせたキャリアパスをたどることができるよう、学生生活全般を支援する必要があると思われる。

外国につながる人びとを包摂する多文化共生社会の担い手を育成するこのプロジェクトは、4年間の学びが積み上がった2018年度以降、1名の特別多文化共生ファシリテーター、10名の多文化共生ファシリテーター、9名の多文化共生サポーターを排出してきた。2019年度は文学部・国際学部・心理学部（教育発達学科）がプロジェクトに正式に参加し、多くの学部・学科から多文化共生ファシリテーターおよび多文化共生サポーターを輩出している。2020年度はさらに、法学部（法律学科）と心理学部（心理学科）も参加し、全学展開の試みが進展している。明治学院大学の教育理念であるDo for Othersを体現するプロジェクトのひとつとして、大学には多文化共生社会の担い手となる働きがより一層、期待されている。

明治学院大学　社会学部教授　坂口 緑

［注］

1）梶田孝道 2003 「『在日外国人問題』の変容：『統合パラダイム』と『トランスナショナル・パラダイム』に着目して」『フォーラム現代社会学』2: 68-77.

2）神奈川県国際交流協会「かながわ国際交流財団40周年第3回「内なる国際化」への取組（1980年代後半～1990年代後半の事業から）」http://www.kifjp.org/blog/3742, 2020/8/31アクセス。

3）明治学院大学「内なる国際化」プロジェクト, 2020,『「難民小中学生対象の集中支援教室事業」充実のための協力体制構築：2019年度成果報告書』, pp.26-27.

シリーズ「外国につながる子ども」たち

希望への橋渡し

学校教育を考える

「外国につながる子ども」たちの学校教育を考えるシリーズ。第73回は、5年目を迎えた明治学院大学の「内なる国際化」プロジェクトの「今」を取り上げる。「国際化」と言えば、「海外留学」や「英語を使って海外で働く」など、〝伝統的な国際化〟をイメージしやすい。しかし、日本国内でも外国人労働者や国際結婚等が増え、多言語・多文化・多民族・多宗教の混在化が進んでいるため、同大学ではこの現状に向き合い、「国内の国際化」に対応できる人材育成の取り組みを続けている。

㊸ 心の「国際化」と「持続可能な社会」を

「内なる国際化」プロジェクトは、「外国につながる人」たちの人権問題に鋭い洞察力を持ち、「彼らと完全に共生できる社会」をつくる担い手を育てることが目的だ。「日本社会の中で困っている外国人らがいるかもしれない」という発想を常に持ち、より良いサポートができる人が増えていけば、誰もが住みやすい社会になっていく。

学生たちは、「ボランティア学」など指定科目12単位以上を取得すると、「多文化共生サポーター」に認定され、さらに現場実習を含む科目を4単位以上取った場合は「多文化共生ファシリテーター」として認められる。この認証制度が始まってから3年間で、「多文化共生サポーター」3人と、「多文化共生ファシリテーター」8人が認定されている。

国籍でなく「個」として見る

2017年度にファシリテーター認定第1号となった入谷萌さん（社会学部）は今春、社会人となったが、「内なる国際化」プロジェクトでの印象深い実践体験として、国際イベント「あーすフェスタかながわ」を振り返った。

入谷さんは、同フェスタの企画運営に携わる中で初めて在日コリアン（朝鮮半島にルーツがある人々）に出会ったという。それまでの入谷さんは、なぜ彼らが日本にいるのか深く考えたことがなく、また〝南北対立〟というイメージだけを強く抱いていた。しかし、イベントで、〝南北〟に関係なく在日コリアンが一緒になって、楽しそうに力を合わせる姿に感銘を受けた。また職業も文化も異なる人々が「多文化共生の実現」に向かって、互いの意見を尊重しながらイベントを作り上げていく体験の中で、入谷さんの心境に変化が起きたと、こう話す。

「私は一人一人を知り、一人一人に尊敬の念を抱き、一人一人を人として好きになっていくうちに、その人のルーツや背景を自然と知りたくなることに気づきました。その人を『国籍』（集団）で見るのではなく、『個人』として知ることが大事だと学びました」

この体験は卒業論文で「在日コリアン」をテーマに選び、直接インタビューすることにまでつながった。

また入谷さんは、大学が他団体と共催で夏休みに実施している「難民等外国につながる小中学生のための夏休み集中学習支援教室」で、学習支援ボランティアも体験した。日本語に不自由する子どもたちに接する中で、多くの気付きを得たという。

多文化共生ファシリテーターの認定第１号となった入谷萌さん

教育理念で教授陣が団結

そもそも「内なる国際化」プロジェクトは、社会学や応用言語学などを専門家とする教授陣が、専門外のテーマである「多文化共生」についてゼロから学びながら発展させていったものだ。現在も教授たち自らが勉強会を開き、「外国につながる子ども」たちの現状を学び、当事者を招いた講演会等を準備し、学生たちに「内なる国際化」プロジェクトを浸透させる工夫を続けている。

明治学院大学は、宣教医J・C・ヘボン博士によって創設されたキリスト教主義の学校で、教授会などでも会議が始まる前に祈祷するなど、キリスト教精神を大事にしている。同プロジェクトの発案者である高桑光徳教授（教養教育センター）は、次のように話す。

「プロジェクトは、本学の教育理念〝Do for Others（他者への貢献）〟を学生にどのように伝えるのかという考えから出発しました。教育理念を学生たちに伝えることは大学教育の使命だと思います。そして『内なる国際化』プロジェクトに理解と協力を求めたところ、社会学部の先生方から能力と人的資源、時間的資源が持ち寄られました。学部を超えて協力するのは初めてでしたが、教育理念のもとで協働することができました」

課題に出会い〝答え〟を探す

現在、高桑教授が、「内なる国際化」プロジェクトでさらに深めていきたいことは、少子高齢化が進む日本社会を担っていく学生たちが、「内なる国際化」を、国連の「持続可能な開発目標（SDGs）」の視点でとらえ直し、日本社会の未来を構築していくことだ。

SDGsには、「質の高い教育をみんなに」など、環境、経済、社会に関する「世界を変えるための17の目標」がある。

「日本の『（低賃金での長時間労働につながってきた）外国人技能実習制度』は人権上、絶対認められるものではありません。でも、制度を批判しただけでは解決しません。労働力を外国人に頼らなければならない現実の中で、日本の零細企業が倒産することなく、外国人の人権を守るには、どのような制度をつくれば良いのか。日々、新たな課題に出会いながら、誰も知らない〝答え〟を、より多くの学生たちと考えていきたいと思っています」

今年度から、「内なる国際化」プロジェクトは、社会学部だけではなく、文学部、国際学部、心理学部（教育発達学科）の学生も「サポーター」や「ファシリテーター」の認定を目指して学べるようになった。

同プロジェクト共同代表を務める野沢慎司教授（担当副学長）は、同プロジェクトの展望をこう語っていた。

「昨年度からこのプロジェクトは〝学長プロジェクト〟に発展し、複数の学部が参加するようになりました。今後は、さまざまな学部が横断的に協力しながら、どの学部の学生でも学べるような教育プログラムとして定着させることを目指していきます」

6月22日（土）には、「内なる国際化」プロジェクトの第5回シンポジウム（http://internal-i18n-meijigakuin.org/archives/2982）が開催される。

2019年6月16日付 カトリック新聞

執筆者一覧

永野茂洋（明治学院大学教養教育センター教授）
坂口　緑（明治学院大学社会学部教授）
池上重弘（静岡文化芸術大学文化政策学部教授）
矢崎理恵（社会福祉法人さぽうと２１）
野沢慎司（明治学院大学社会学部教授）
浅川達人（早稲田大学人間科学学術院教授）
安部汐音（明治学院大学国際学部国際学科３年）
村木優里（明治学院大学社会学部社会福祉学科３年）
渡邊裕馬（明治学院大学社会学部社会学科卒業生）
長谷部美佳（明治学院大学教養教育センター准教授）
高桑光徳（明治学院大学教養教育センター教授）

明治学院大学 教養教育センター　ブックレット5
多文化共生社会で何を目指すのか
―「内なる国際化」を持続可能な社会の観点から考える―

2021年3月31日初版第1刷発行

編　者　明治学院大学
「『内なる国際化』に対応した人材の育成」プロジェクト

発行者　松山　献

発行所　合同会社 かんよう出版
〒530-0012 大阪市北区芝田2-8-11 共栄ビル3階
電話 050-5472-7578　FAX 06-7632-3039
http://kanyoushuppan.com　info@kanyoushuppan.com

印刷・製本　有限会社 オフィス泰

ISBN978-4-910004-20-4　C0036　Printed in Japan